アヤ・セナ・ユイと学ぼう

日本手話への
パスポート

日本語を飛び出して
日本手話の世界に行こう

明晴学園手話科(小学部・中学部)
著／小野 広祐・岡 典栄
編／NPO法人バイリンガル・
バイカルチュラルろう教育センター

JN048686

小学館

はじめに

みなさん、こんにちは！

この本は、2021年9月から2022年3月までの計24回、「朝日小学生新聞」で連載された「手話のパスポート」の内容に、さらに中学生以上の人を対象とした内容も加えて書籍化したものです。

『日本手話へのパスポート〜日本語を飛び出して日本手話の世界に行こう』というタイトルは、みなさんが日本手話のこと、ろうのことを知って、海外旅行のように、日本手話の世界を楽しんでほしいという願いをこめたものです。

日本手話で話していると、表情が豊かだねと言われることがよくあります。でも実は、顔の動きは、日本手話の大切な文法要素になっているんです！日本手話は手や顔、肩も含めて「目で見る言語」。例えば、あごの動きには、主語や文末、仮定などの役目があり、目を見開いて、あごを少し引くことで疑問文、首をふることで否定文を表します。

それから、日本手話は身ぶりみたいでわかりやすいという人もいます。それは日本手話には決まった単語だけでなく、物の形や動きを自由自在に表すことができるＣＬと呼ばれる特徴があるからです。その場限りで作られる身ぶりとはちがって、ＣＬはろう者同士が自然に共有しているルールに沿って表現されます。ＣＬを使うと、雲や地震が発生する原理や、天体などの科学的現象も、まるで実際に見ているかのように表すことができます。

また、「言語がちがえば文化もちがう」というように、あいさつや話し方、マナーなど、ちがう文化もあります。

ほかの国の言語や文化を学ぶのと同じように、日本手話やろう者の文化を楽しみながら学んでください。

この本を読んだら、みなさんは手話のパスポートを手に入れたのと同じです。

それでは、日本手話の世界へ出発！

2023年11月
明晴学園校長　榧　陽子

この本の登場人物

アヤ

私の家族はみんなろう者です。だから家の中は、いつも手話が飛びかっています。将来は幼稚園や小学校の先生になりたいです。

セナ

両親と妹は聴者だけど、家族とは日本手話で会話をしています。好きな科目は算数（数学）や体育です。空手を続けていたけど、スポーツはなんでも得意だよ。

ユイ

私と両親はろう者ですが、姉は聴者です。もちろん姉も手話ができます。趣味は読書です。ファンタジー小説が好きかな。

明晴学園の
3人の子どもたちが
手話の世界を案内
するよ。

明晴学園　中学部教頭
小野　広祐

3

もくじ

デフアート※「飛行機」

※デフアート：手話やろう者の歴史、文化、行動様式などをテーマにした芸術作品。

見て　知って
おぼえよう！

写真と動画でわかる 基本手話

コラム

デフアート「雨」

二次元コードから動画を見てみよう

▶000

ページ内の二次元コードをスマホやタブレットで読み取って、手話の動きなど、そのページに関連した動画を見ることができます。楽しんで見てみてくださいね。

【動画の視聴（しちょう）について】

● 動画の視聴（しちょう）には別途（べっと）通信料がかかります。

● 本書で提供する動画は、一般（いっぱん）家庭での私的視聴（してきしちょう）に用途（ようと）を限定（げんてい）しています。

　したがって、本書で提供する動画の内容に関して、著作権者に無断で複製、改変、放送、有線放送、インターネットなどでの送信、公の上映、レンタル（有償、無償を問わず）などをすることは法律によって禁止されています。また映像の内容を制作・著作権者の許諾なく、書籍など印刷物へ掲載することは固くお断りします。

● 二次元コードを、インターネット・SNSなどに流布（るふ）したりコピーして配布（はいふ）したりすることは固く禁じ（きんじ）ます。

● JavaScript、Cookie が使用できる状態でご利用ください。

● スマートフォン、タブレットの以下の組み合わせでのご利用を推奨（すいしょう）しております。

　それ以外での動作保証（ほしょう）は致（いた）しかねますのでご了承（りょうしょう）ください（フィーチャーフォンではご利用いただけません）。

　・OS: iOS, iPad OS ブラウザ: Safari（最新版）

　・OS: Android ブラウザ: Google Chrome（最新版）

● 動画の視聴期限（しちょうきげん）は 2033 年 11 月 20 日です。

● 動画の内容（ないよう）と視聴期限（しちょうきげん）については、予告なく変更（へんこう）または終了（しゅうりょう）する場合があります。あらかじめご了（りょう）承（しょう）ください。

I 「ろう」について知ろう

1 「ろう」ってなあに？

「聞こえない」けれど、目でわかる

　私たちが生活している社会は、いろいろな人たちが暮らしています。肌の色や言葉がちがう人、目の見えない人や車いすで生活している人、高齢者も赤ちゃんもみんな社会の一員です。本書では、耳が聞こえない「ろう者」のことや、ろう者の言語「日本手話」を紹介します。知って、おぼえて、使えるようになれたら、新しい世界が広がるよ。

アヤ

　私たちは「ろう者」のアヤとセナです。
みなさん、こんにちは。

セナ

　みんなは、耳が聞こえない人のことをどう思いますか？「かわいそう」とか、「不自由そう」とか思うかもしれないね。でも、ぼくたちは生まれた時から聞こえない（聞こえにくい）から、それがふつうなんです。

9

アヤ

　聞こえる人（聴者）は、音や話し声が聞こえて便利でしょうが、工事現場や車の音をうるさいと思ったことはないですか。体育館でみんなが遊んでいる時に、はなれた場所にいる友だちと話そうとしても、声がとどかないことがありませんか。
　私たちは、音や声を聞き分けることは苦手でも、騒音になやまされることはないし、はなれた場所にいる友だちとも手話で会話をすることができるんです。

　日本の社会は、聴者が暮らしやすいように音や声を中心に作られているので、ぼくたちには少し困ることもあるけれど、そこは工夫して生活しています。

セナ

　ろう者が聞こえる人とちがうのは、音声ではなく、「日本手話」という言語を使うこと。耳ではなく、目でたくさんの情報を得る「目の人」でもあるの。

アヤ

　日本手話は、日本語とは別の言語なんだ。英語やフランス語のように独自の文法をもっているんだよ。ぼくたち「ろう者」のことを紹介しながら、「日本手話」のことも紹介していくね。
　最初は「あいさつ」からスタート！　手話は主に利き手を動かすよ。アヤは右利き、ぼくは左利きです。

セナ

あいさつの手話

▶01

動画はこちらから

「こんにちは」

閉じた利き手を目のあたりから前へ

目上の人への「こんにちは」

閉じた利き手をほおあたりから小さく前へ

「ろう者（聞こえない人）」

利き手で耳と口を順にふさぐ

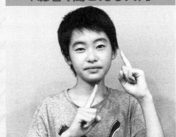

「聴者（聞こえる人）」

両手の人さし指で耳と口をさす

ポイント！

ユイ

　ろう者のあいさつは、写真のように片手を上げます。「おはよう」も「こんにちは」も「こんばんは」も同じです。世界には7,000以上の言語があると言われますが、例えば、インドでは朝と昼と夜のあいさつは、同じ言葉「ナマステ」です。また、日本手話は、目上の人や友だちなど、相手によって体の動きが変わります。日本語の敬語と同じです。写真や動画の「こんにちは」の手話を見て、ちがいを見つけてね。

▶こんにちは、こんにちは（目上）、ろう者、聴者
（動画に登場する主な単語）

11

解説

「耳が聞こえない人」のことはなんて呼ぶ？

　「聴覚障害（碍）者」「耳が不自由な人」「ろうあ者」「ろう者（児）」「難聴者（児）」などと呼ばれています。「ろう者」とは、日本手話を母語とする「聞こえない・聞こえにくい人」という意味です。多くのろう者は、日本手話を母語として書記日本語（読み書き）を第二言語とし、自身が「ろう者」であることに誇りをもっている人たちです。これは、聞こえない・聞こえにくいことを障害として見るのではなく、日本手話で話す「言語的少数派」という考えがもとにあります。例えば、日本人だけど母語は外国語で、日本語はあまり上手ではないという人はたくさんいます。逆に、外国人だけど日本語が母語の人もいます。「ろう者」は、日本で生まれ育った日本人だけど、日本手話が母語という言語的少数派と考えることができます。

※明晴学園では、聴力に関係なく日本手話を母語とする聞こえにくい人を「ろう者」と呼んでいます。

明晴学園のようす

［幼稚部］　幼稚部の子どもたちも手話でたくさん話します

［小学部］　文化祭「千神祭」の劇では日本手話があふれます

［中学部］　制服もあるけど私服もOK！　生徒会主体の中学部です

校庭にあるツリーハウスはみんなのお気に入り

2 ろうの子どもの生活は？

あの手この手でうまく伝える

　ろう児（聞こえない子ども）にも様々な家庭があります。両親やきょうだいにろう者がいる家庭もありますが、ろう児の両親の約90％は聴者（聞こえる人）だと言われます。
　明晴学園に通う子どもの保護者の中で、聴者の保護者は、子どものために「日本手話」をおぼえて、子育てをがんばっています。
　ろうの子どもの生活について紹介しましょう。

アヤ

> 私の両親と妹はろう者です。だから、家の中では、みんな手話で話します。

セナ

> ぼくの両親と妹は聴者です。ぼくがろう児だとわかった時、両親はショックを受けたそうです。聞こえないことをかわいそうと思ったんだね。
> でも、いろんなことを調べて、実際にろう者と会って、自信をもって手話で育てることを決めたそうだよ。

そうかぁ。聞こえる両親は手話をおぼえる必要があるんだね。聞こえる人の中には、国際結婚をして自分とはちがう国の言葉で子育てをしている人もいるから、それと似ているかもしれないね。

アヤ

ろう者と聴者は、言葉だけでなく生活にもいろいろちがいがあります。例えば、聴者は声で人を呼ぶけど、ろう者は相手の肩をたたいたり、光や振動、鏡やガラスの反射を使って呼んだりすることもあるよ。ろう者は聴者より視野（見える範囲）がとっても広いんだ。

セナ

目ざまし時計も音ではなく振動なのよ。ろう者は聞こえないからコミュニケーションが苦手だと思っている人が多いみたいだけど、それはちがうと思います。手話を知らない聴者が多いから、私たちはいろいろな方法で伝えようとする習慣がついているの。だから、外国に行ってもあまり困らない。1人で海外旅行を楽しむろう者は多いのよ。

アヤ

日本人とは、日本語で筆談（紙などに文字を書いて意思を伝えること）をするし、外国人とは英語の単語を書いたり、ジェスチャーを使ってコミュニケーションしたりします。ジェスチャーは、日本人より外国人のほうが通じやすいんだよ。

セナ

見て 知って
おぼえよう！

家族を表す手話

▶02

動画はこちらから

父

人さし指でほおをさわる
→親指を立てる

母

人さし指でほおをさわる
→小指を立てる

両親

人さし指でほおをさわる
→親指と小指を立てる

家族

片手で作った屋根の下で立てた親
指と小指をふる

姉

小指を立てて上へ
（下げると妹）

弟

中指を立てて下へ
（上げると兄）

祖父

立てた親指を曲げる

祖母

立てた小指を曲げる

▶ 父、母、両親、家族、兄、姉、弟、妹、祖父、祖母、ろう、聴者、何？、
おはよう

15

解　説

ろう者家族と聴者家族、
何がちがう？

　ろう者家族と聴者家族の生活はちがうのでしょうか。おたがいに自分たちの生活がふつうだと思っているので気づかないことが多いのですが、実はちがいがたくさんあります。その1つが「見る習慣」です。

　下のイラストは、休日を家で過ごしている家族のようすです。片づけをしているお父さんと、スマホを見ているお姉ちゃん、おもちゃで遊ぶ弟。そして、お昼の準備を終えたお母さんが声をかけます。この時の、2つの家族は何がちがうでしょうか。

　まず、聴者家族の場合、お母さんが「ごはんよ～」と声をかけると、家族はお母さんを見ないまま返事をしています。一方、ろう者家族のお母さんは、まず手をふってみんなを呼びます。それに気づいた家族がお母さんの顔を見てから、お母さんは手話で「ごはんよ」と言うのです。

　このように、ろう児は小さい時から「見る習慣（文化）」を身につけていきます。ですから、お母さんにしかられて泣いている時も、子どもは泣きながらちゃんとお母さんを見ているんですよ。

聴者家族

ろう者家族

ろうの赤ちゃんはどうやって手話をおぼえるの？

生まれつき聞こえにくい・聞こえない赤ちゃんはどうやって言葉をおぼえていくのでしょうか。

まわりが音声しかない環境であれば、ろうの赤ちゃんは言語がない状態の中で数か月を過ごすことになります。現在は、生後数日の間に聴力検査（新生児スクリーニング）を行うので、聞こえにくいかどうかがわかります。

ただし、本当の聞こえの状態がわかるには、赤ちゃんの成長を数か月待つ必要があるのです。補聴器が必要であれば生後4か月ごろからつけ、体重が8kgを超えると人工内耳の手術をするという選択肢もあります。いずれの場合も、聞こえの程度を助けるものなので聴児（聞こえる子ども）になるわけではありません。補聴器や人工内耳をすれば「聞こえるようになります」という言葉は、「今よりは、聞こえるようになることが期待できます」が正しい伝え方と言えるでしょう。

ろうの赤ちゃんの言葉の発達として、両親（または、どちらか）がろう者の家族（デフファミリー）で手話による子育てをしている場合、赤ちゃんの言葉の発達は聞こえる赤ちゃんと変わりません。逆に、ろうの赤ちゃんの発語は顔や体の動きから始まるため、聞こえる赤ちゃんより発話しやすいことが想像できます。

生後4〜5か月には手話の喃語（意味のない手話）が表れ、生後8か月前後には赤ちゃん手話（意味がある言葉だけど、大人のような手話ではない）が見られます。ちなみに、聞こえる赤ちゃんも、生後4〜7か月ごろに喃語（あー、ばぶーなど）が始まり、1歳を過ぎたころから「ワンワン」とか「ブーブ」といった意味のある言葉を発語し始めることが知られていますね（赤ちゃんが話し始めるのには個人差があります）。

ろうの赤ちゃんとのコミュニケーションで一番大切なことは「目を合わせる」ことです。これは、赤ちゃんに限らず、大人のろう者でも同じことで、「目を合

わせる＝私はあなたと話します」という意味です。まず、赤ちゃんと目を合わせて、その後は赤ちゃんが見える方法で話しかけます。身ぶりや表情、ボディタッチに加えておむつやおもちゃといった実際の物を見せたり、少し大きくなったら写真やイラストを使ったりして物事のイメージを育てていきます。

この時期、もっとも大切なのは「言葉」より「概念（イメージ）」を育てることです。ですから「見える言葉＝日本手話」を使うことができれば、それが一番良い手段です。手話は、生まれてすぐ使うことができます。その後、補聴器をつけても、人工内耳の手術をしても、手話はそれらの妨げになることはなく、ずっと使い続けることができるコミュニケーション方法であり、「100％受信できる＝見える言語」なのです。

ろうの子どもの言語発達（デフファミリーの場合）

生後0〜3か月 視線を合わせる（コミュニケーションの基本）

要求（手以外の表現。目の動きや首ふりなど）

生後4〜5か月 喃語（意味のない手話）

生後8か月 幼児語（赤ちゃん手話）

手話がある環境で育てられたろうの赤ちゃんは、顔の動きや指さしなどで意思表示をします。聞こえる子は物の名前から発話しますが、ろうの子は目やうなずきによって伝え始めます。

※明晴学園の乳児クラスでは、聞こえない・聞こえにくい赤ちゃんの育て方を具体的に解説した冊子を保護者の方や自治体の相談窓口に無料で提供しています。また、右の二次元コードよりダウンロードすることもできます。

3 ろうの文化を知ろう

目を合わす・振動で人を呼ぶ

　「文化」という言葉を聞いて、どのようなことを思い浮かべますか。例えば、あいさつや食事のしかた、民族衣装などは、国や地域によってちがいますね。文化には、目に見えるものだけでなく、言語や風習など、目に見えないものもあります。

　ここでは「ろう者の文化」について紹介します。聴者の文化と何がちがうかな？ アヤやセナ、ユイに教えてもらいましょう。

アヤ

　ここではろう者の文化がテーマです。「ろう文化」といえば、やっぱり日本手話だよね。聴者は声で話し、ろう者は手話で話します。聴者は音楽を聴いて楽しむけど、私たちはテレビや動画を字幕で楽しむよ。耳を使うか、目を使うかのちがいだね。

　この前、寝ようとしたら、聴者の妹が「かみなりだ！」と大さわぎしてたけど、ぼくは聞こえないからこわくない。すぐに眠っちゃった。聞こえる人も大変なことがあるんだなと思った。

セナ

アヤ

　私の家族はろう者だから、はなれている家族を呼ぶ時は、ゆかやテーブルをたたいて振動で呼ぶんだけど、これを聴者は、「おこられた！」と誤解することがあるんだって。あいさつでおじぎをする時も、相手の目を見たまま頭を下げるけど、聴者のマナーでは失礼なことらしい。

　聴者の中には、目を合わせるのが苦手な人もいるんだよね。ろう者は、相手の顔が見えないと話ができないから、目を合わせながらあいさつすることをわかってほしいな。

セナ

アヤ

　目を合わせることや振動でだれかを呼ぶのは、外国人がくつをはいたまま家の中で生活したり、あいさつでハグをしたりするのと同じように、おたがいの生活方法や文化がちがうんだって、理解して尊重してくれるとうれしいね。

　拍手の方法も、聴者は手をたたいて音を出すけど、ろう者は手をひらひらさせます。文化祭では、とても盛り上がって見えるよ。わからないことがあったら、「何？」って手話で聞いてみてね。

セナ

ろうの文化のいろいろ

▶03

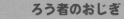

動画はこちらから

ろう者のおじぎ

相手の目を見たまま頭を下げる

ろう者の拍手（はくしゅ）

両手をひらひらさせる

呼び方（肩をたたく）

トントン

相手の肩をトントンとたたいて合図

何？

人さし指を左右にふる

ポイント！

　　ろう者は「目の人」と言われます。目を合わせることから
コミュニケーションが始まります。声や音の代わりに、
手話やまわりの視覚的情報を、聞こえる人たちよりも
たくさん目で取りこんでいます。動画で確認してね。

ユイ

▶人を呼ぶ方法、拍手

解　説

▶04

「目が高い」人と「目が安い」人？

　「見る習慣」の話をもう少し広げてみます。振動が届かない遠くにいる人を呼ぶ時は、相手の視界に入るように何かをふったり投げたりすることもあります。道を歩いている時は、お店のショーウィンドウや駐車中の車の窓ガラス、話している相手の眼鏡などに映りこむ光や影で周囲の動きを察知したり、すれちがう人の目線の動きから自分の背後のようすを知ることもあります。目で情報を取りこむろう者の視界は広いので、手話で会話をしていても電信柱にぶつかることはありません。

　日本語に「目が高い」という慣用句がありますね。意味は「よいものを見分ける力」ですが、日本手話の「目が高い」は「すばやく見つける力」という意味です。逆に「近くにあるのに見つけられない」という意味の「目が安い」という慣用句もあるんですよ。目で生きる人たちらしい言葉ですね。

目が高い

人さし指で目を指さす　　　　　　人さし指と親指で作った丸を上げる

目が安い

人さし指で目を指さす　　　　　　人さし指と親指で作った丸を下げる

4 ろう学校を のぞいてみよう

１クラス５人前後。光や画面を活用

　みなさんは、ろうの子どもが通う「ろう学校」を知っていますか？ ろう学校は、各都道府県に数校しかないので、多くの子どもは幼稚部の時から電車やバスで通いますが、同じように聞こえない仲間といっしょに過ごせる大切な場です。ろう学校の中がどうなっているのかを紹介します。

アヤ

　ここでは「ろう学校」について紹介するね。ろう学校には、小学部だけでなく幼稚部・中学部・高等部もあるところが多いです。小学部では、１クラスの人数が５人前後になっていて、聞こえる子の小学校のように１クラス30〜40人ということはありません。

　教室の机は、みんなの顔が見えるように半円状に並んでいます。だれが発言しているかが、見てすぐにわかるし、話し合いや意見交換もしやすくていいよ。

セナ

うんうん。

　明晴学園の場合は、教室と廊下の間にかべがないオープンスペースになっていて、廊下を通る人のようすが見えるから安心なんだ。ろう者は、見えないと情報が伝わらないからね。

セナ

　ほかにも、すべての教室にフラッシュライト（→右ページの写真）があって、授業の始まりや終わりには緑色の光が点滅して教えてくれます。
　毎月1回、地震や火事の避難訓練があるんだけど、その時はフラッシュライトの赤色が点滅します。私たちはそれを見て、すぐに机の下にかくれたり、校庭に避難したりする練習をしているよ。

アヤ

　文字や写真、動画などを映し出すテレビみたいな情報ディスプレイも、教室や廊下に置いてあるよ。ぼくは放送委員だから、学校内の「手話ニュース」で、1年生に小学部の生活についてインタビューした動画を上映したんだ。

セナ

　1年生が緊張しながら答えていてかわいかったね。同級生の人数が少なくても、私たちは先輩や後輩とたくさんおしゃべりしたり、遊んだりしているので、学校生活は楽しいです。いつか遊びに来てね。

アヤ

見て 知って
おぼえよう！

ろう学校のようす

学校

斜め上に向けた手のひらを2回
上下する

楽しい

両手を胸の前で交互に上下する

▶ 05

動画はこちらから

フラッシュライト
（小学部は緑、中学部は青く点滅）

半円状の机の配置

ポイント！

　　日本語や英語など、言語にはそれぞれ独自のリズムがあります。日本手話も同じように日本手話のリズムがあります。「学校は、楽しい」と、声をつけて手を動かすと、手話のリズムが消えて、日本語のリズムになってしまいます。上の写真をよく見ると、「学校」と「楽しい」の顔の表情がちがいますね。動画でリズムをチェックして、まねしてみてね。

ユイ

▶ 学校、楽しい、始める、よろしくお願いします、終わる、ありがとう

25

解　説

ろう学校はいつからあるの？

　日本にろう学校が誕生したのは明治11年（1878年）、ろう学校と盲学校を合わせた京都盲唖院で、その後に分離されてろう学校となりました。そのころのろう学校では手話が使われていましたが、昭和8年（1933年）から近年まで手話を禁止して、「声を聞く・声で話す」を訓練する口話教育が行われてきました。

　全国には公立ろう学校が約100校あって、そのほとんどの学校で手話が導入されています。ただし、基本的に「声を聞く・声で話す」ことは求められているので、先生は日本語を話しながら手や指を動かす「手話つきスピーチ」を使います。私立ろう学校は、「声を聞く・声で話す」学校と、音声を使わず日本手話と書記日本語（読み書き）を使う明晴学園の2校だけです。

学園の廊下のかべいっぱいに貼ってある
外国人見学者の写真

交流した台湾の小学校に中国語で書いたお礼の手紙

米国ギャローデット大学のコルダノ学長と手話で話す小学部の子どもたち

5 ろうの子どもと
友だちになろう

体の動きや絵や文字でも話せる

　町で外国人に会って、知らない言葉で話しかけられたら、みんなはどうしますか？　言葉が通じなくても、ジェスチャーや指さしを使って伝えようとしますよね。ろうの子どもは、小さい時から言語がちがう人たちの中で育っているので、身ぶりなどを使ってコミュニケーション（やりとり）することが得意です。ろう児に会ったら、思いきって話しかけてみましょう。

アヤ

　ここでは「友だちになろう」がテーマだけど、聞こえる・聞こえないに関係なく、コミュニケーションをとることは大切だよね。セナは、聴者に会ったら、どうやってコミュニケーションしてる？

　お母さんが手話で通訳してくれるから、自分から直接話すことはあまりないなあ。聞こえる妹の友だちと道で会った時、大きな声で話しかけてくれたけど、「ごめんね、わからないよ」って言ったことがある。

セナ

アヤ

そういうこともあるよね。

大きな声で話してもらっても、その声や音のちがいはよくわからないんだよね。

セナ

アヤ

私のおじいちゃんとおばあちゃんは聞こえる人で、手話は使わないの。だから、私に話しかける時は、口をゆっくり大きく動かしながら話してくれる。でも、知っている言葉ならわかるけど、知らない言葉や少し長い話になると、わからなくなっちゃう。その時は筆談してくれます。

できれば、手話のほうがスムーズにたくさんコミュニケーションできるからいいよね。この前、妹のクラスメートが、手話で「遊ぼう」って話しかけてくれたんだ。いっしょに遊んでいるうちに、なんとなく身ぶりで通じるようになったよ。

セナ

アヤ

それはよかったね！ 私の両親は外で聴者に会うと身ぶりや筆談でやりとりしています。私も通っているスポーツ教室では、身ぶりで体の動きを確認したり、ゆかに指で文字を書いて質問したりするの。手話を知らなくても、身ぶりや指さし、絵や筆談など、見てわかる方法で話しかけてくれたらうれしいな。

見て 知って おぼえよう！

友だちに話しかける手話

▶06

手話
向き合った人さし指を交互にまわす

友だち
両手を握手するように、にぎり合わせる

いっしょ
前に向けた両手の人さし指を左右からよせる

遊ぶ
顔の横で両手の人さし指を交互にふる

動画はこちらから

ポイント！

　手話は、身ぶりやジェスチャーではありません。でも、「伝えたい」という気持ちで身ぶりをすれば、少しずつ伝わります。例えば、21ページでおぼえた「何？」の手話を使って、ろう者に「これ、何？」と聞いてみましょう。手話の単語を教えてくれると思います。

　また、日本語に「友だち」と「友人」のようなちがう言い方があるように、手話も同じ言葉にいろいろな表現があります。

ユイ

▶私たち、友だち、いっしょ、遊ぶ、いいよ(OK)、行く(行こう)

解説

動画はこちらから ▶ 07

‖ 手話と英語のカルタとり ‖

　日本のインターナショナルスクールとの交流で遊んだカルタとりを紹介します。これは、おたがいの母語である手話と英語を使った遊びです。まずは、身近な物の名前を手話と英語で覚えます。

　例えば、dog(犬)、apple(りんご)、book(本)、pencil(鉛筆)、bus(バス)のような日常生活で使う単語を10語くらいおぼえましょう。それらの英語のカードを作ったら、机に並べます。ろう者が手話で単語を出題し、英語を母語とする人が英語のカードを拾います。逆に、英語を母語とする人が英語のカードを見せて出題し、ろうの子どもが手話で表すこともできます。楽しみながら単語の数を増やしてレベルアップしてください。

犬
頭の横で両手の指先を前に曲げる

りんご
りんごの形の手を口の前で2回上下に動かす

本
体の前で合わせた手を両側にたおす

バス
にぎった両手の親指と人さし指を立てて前に出す

手話でフルーツバスケット

5人以上

> 楽しく手話単語をおぼえる遊びとして、子どもから大人までいっしょにできるいす取りゲーム「フルーツバスケット」を手話でやってみましょう。

準備物	いす
手 順	一般の「フルーツバスケット」のルールとほぼ同じ。 ①テーマを決める（例：動物、乗り物、昔話、など）。 ②オニを決めて、テーマに関する手話を表す。 ③手話で自分に関することを言われたら席を立って、他の席に移動する。 ④ほかの席にすわれなかったり、立ち遅れたり、まちがえて立ったりした人はオニと交代。 ※「全部！」とオニが言ったら全員が立って、ほかの席に移動する。
例	乗り物（飛行機、バス、船など） 

活動のポイント 体を動かしながら学ぶことで楽しさが増します。

始める前に参加者がフルーツバスケットのルールを知っていることを確認しましょう。
また、フルーツだけでなくいろいろなテーマで行うことを説明します。

さらに

テーマを「ある手型の手話」に展開すると幅が広がります。

【テーマの例】指文字「て」の形を活用する手話（緑色、船、学校、魚など）

II 手話について知ろう

6 手話って何？

頭や顔の動きには意味がある

　ここからは「日本手話」についてくわしく学んでいきます。手話は、「手で話す言葉」と思っている人が多いのですが、実は、目やまゆ、ほお、あご、肩など、手以外の動きによって手話の文法が作られています。手の形が同じでも、目やあごの動きがちがうと意味が逆になることもあります。ろう者の顔は感情を表すだけでなく、意味を表すということを知ってくださいね。

　日本手話は、ぼくたちろう者の大切な言語です。でも、手を動かすだけとか、表情が豊かだとか、誤解があるみたい。手話は手だけじゃなく、顔や頭の動きにも意味があるんだ。「うなずき」や「首ふり」も大切な文法（規則）の１つです。聴者は、ろう者ほどうなずかないけど、ろう者は話の中でいろんなうなずき方をするよ。

セナ

アヤ

　そうよね。

「はい・いいえ」で答える時の「うなずき」や「首ふり」は、とてもはっきりしているけど、それだけじゃないのよね。例えば、「私の母」と「私と母」は、手の動きは同じだけど「うなずき」にちがいがあります。右ページの写真と動画を見てね。

アヤ

聴者は、あごや頭の動きが文法になっていることを知らないから、手話は手だけで話すと思ってしまうのかも。「行く」と「行かない」は、手の形は同じだけど、「行かない」には「首ふり」がつくんだ。

セナ

ほかにも、まゆの上げ下げ、目の開き方、ほおの動き、肩の動き、口の形なども日本手話の文法です。これから少しずつ練習していきましょう。

アヤ

ポイント！

声は目に見えませんが、手話は「見える言語（見る言語）」です。ですから、相手と目線を合わせてから話し始めるのが基本です。「はい」「いいえ」は、「うなずき」と「首ふり」ではっきり伝えます。また、「うなずき」と「首ふり」は、文法としても使われていて、同じ手の動きでも意味が変わります。右ページの「私の母」と「私と母」の写真と動画を見て、「うなずき」によって意味が変わることを確認しましょう。

ユイ

うなずきと首ふりで文法を表現

▶08

動画はこちらから

はい（うなずき）

わかった時は必ずうなずく

いいえ（首ふり）

小さな首ふりでも「いいえ」を伝えられる

私の母

私

の

母

「私」と「母」はうなずかないで続ける

私と母

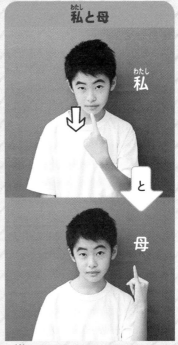

私

と

母

「私」と「母」の間にうなずきが入る

▶私、母、父

解　説

▶ 09

日本手話と日本語対応手話

　みなさんがテレビなどで目にする「手を使って表す言葉」には大きく分けて2種類あります。1つは、日本語を話しながら手話の単語を表す「日本語対応手話」と呼ばれているものです。もう1つは、この本で紹介している「日本手話」で、声は使わずに手や顔の動き（目、まゆ、頭など）で表し、日本語とはちがう文法をもっています。「日本手話」は聞こえない人たちの間で自然にできた言語で、時とともに発達していったと言われています。

　世界には、7,000以上の音声言語と、300以上の手話言語があると言われています。手話言語は、日本語や英語・中国語などと同じように、だれかが作ったものではありません。手話は単なる身ぶりではなく、言語学的にも、国際社会においても、音声言語と対等な「言語」の1つです。

　「日本語対応手話」は、1968年に栃木県立聾学校で始まった同時法教育が発端と言われます。日本語の文法に合わせて手話の単語を表すので、日本語を知らなければ使いにくいものです。逆に、日本語を習得した後で聞こえなくなった中途失聴の人々にとっては使いやすいものでしょう。2つの手話のちがいの1つは文法としての顔の動きがあるか、ないかです。下の写真を見くらべてみましょう。

日本手話：顔の動きがある

日本語対応手話：顔の動きがない

※日本手話にも〈寒い／大〉という言い方があり、これは「ものすごく」に焦点を当てた言い方です。

7 「まゆ」にも意味がある

まゆが上がったら質問されているよ

　手話は手以外にも、まゆや目、ほお、肩、口の動きなどで表現します。ここでは、「まゆ」の動きと意味、使い方を紹介します。「まゆ」が表す意味で、代表的なのが「疑問文」です。疑問文というのは、だれかに質問をする時の話し方です。それでは、「はい」か「いいえ」で答えられる疑問文の「まゆ」の動きを見てみましょう。

アヤ

　私たちは、聴者から、「表情が豊かですね」と言われるけど、目やまゆの動きは手話の文法だから、動かさないと話せないの。聴者の「表情」は、うれしいとか悲しいとか感情を表すもので、目やまゆの動きに決まった意味はないみたいね。

　手話では、「本当？」とか、「行く？」「だいじょうぶ？」など、「はい・いいえ」で答えられる質問をする時には、決まった「まゆ」の動きがあるよ。「まゆ」を動かさないと、「本当？」と言えないんだ。

セナ

アヤ

聴者は、「本当？」と「うん、本当」のちがいを、声の上げ下げや強弱で伝えるんでしょ？ 手話ではそれが「まゆ」の動きなんだと思う。疑問文では「まゆ」が上に動くのよ。動き方の大小はあるけど、質問する時は必ず「まゆ」が上がると思えばいいよね。

ろう者に手話で話しかけられて、ろう者の「まゆ」が上がったら質問されているよ。35ページでおぼえた「うなずき」と「首ふり」を使って「はい・いいえ」と答えてね。

セナ

なんで？

疑問は「まゆ上げ」で表現する

ポイント！

日本語の場合は、人によって表情が豊かだったり、そうでなかったりします。身ぶりやジェスチャーをつける人もいますが、ルールはなく個人の自由です。一方、日本手話の場合は、目やまゆの動かし方など、顔の動きに言葉としてのきまりがあるので、それを表現しないと意味が伝わりません。右ページの写真と動画を見て、きまりを見つけて、まねしてみましょう。

ユイ

見て 知って おぼえよう！

目やまゆ、顔の動きのルール

▶10

動画はこちらから

本当

閉じた利き手の人さし指側をあごに2回あてる

本当？

↑ まゆ上げ
↓ あご引き

まゆ上げ、あご引きの質問の顔で「本当」の手話

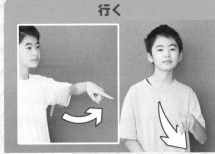

行く

利き手の人さし指を前に向けてはらう

いい？

利き手の小指をあごにあてながら、まゆを上げて、あごをひく

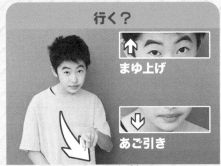

行く？

↑ まゆ上げ
↓ あご引き

まゆ上げ、あご引きの質問の顔で「行く」の手話

いいよ

利き手の小指をあごに2回あてる

※「いい？」「いいよ」の動画は51ページの ▶14 を見てください。

▶本当、行く、だいじょうぶ

解 説

‖ 日本手話の文法 ‖

　日本手話の文法は、手指単語、NM、CL、RS、PT、空間などがあります。それぞれを同時に表すことで一度に多くの情報を伝えることができるのが特徴です。下の表は文法の簡単な説明です。本章「Ⅱ 手話について知ろう」で学ぶのは、表の中の「NM」です。下のイラストにあるようにNM（顔や体の動き）はたくさんの種類があります。

手指単語	手や指で表すもの。（例：ネコ、家、好き など）
NM（Non-Manuals）エヌエム	手以外で表される手話の表現。 目の開き方やまゆの位置、うなずき、首ふりなどで表す。（→32ページ〜）
CL（Classifier）シーエル	物の形や動き、位置などを表す手話の表現。（→56ページ〜）
RS（Referential Shift）アールエス	「会話」の様子や「過去の自分」の行動や気持ち、または「ほかの人」の行動や気持ちを表す表現。
PT（Pointing）ピーティー	指さし。 人称（私、あなた、彼）、指示代名詞（これ、それ、あれ）を表す。（→104ページ）
空　間	ものごとを物理的、図像的に表すもの。（→123ページ）

うなずき・首ふり
まゆ上げ・まゆよせ
目の見開き・細め　視線
ほおのふくらみ・すぼめ　あごの動き
口の形
空間利用　肩広げ・すぼめ　空間利用

いろいろなNM

8 何？ だれ？と 聞くには

顔を小さく横にふるのも大事

新しい友だちとの会話でよく使う「何？」や「だれ？」の手話を学びましょう。これらも疑問文（ぎもんぶん）なので、共通する顔の動きがあります。どんな動きかな？ 写真や動画で確認（かくにん）してみましょう。

アヤ

「何？」（→21ページ）の手の動きをおぼえていますか？ 人さし指を立てて、横にふりましたね。手の動きだけでも通じますが、同時に顔の動きをつけると、正しい文法の「何？」になります。せっかく手話をおぼえるなら、手だけでなく顔の動きもおぼえるといいよね。

そうだね。「何？」と聞く時、人さし指を横にふるのと同時に、顔を小さく横にふるよ。例えば、「これは、何？」と聞きたい時は、その物を指さしてから「何？」と聞けばいいから、簡単（かんたん）でしょ。

セナ

アヤ

「だれ？」と聞く時も、「だれ」の手の動きと同時に、顔を小さく横にふります。その顔の動きがないと、質問されているのかどうかわからないから、ろう者は少しこまります。

ほかにも、「どこ？」と場所を聞きたい時があるよね。「どこ？」も、顔を小さく横にふるよ。手の順番は、逆になってもわかるけど、この顔の動きは決まっています。大事なのは手より顔です。

セナ

アヤ

聴者が顔を横にふるのは、「いや」とか「ちがう」といった否定の意味で使うことがほとんどでしょ。手話の場合、顔を小さく横にふるのは、否定ではなくて質問する時（疑問文）などに使います。

ろう者は、顔だけで簡単な会話をすることもできるよ。両手に荷物などを持っている時に、「それ、あそこに置いて」とか、「もっと右」とかね。顔の動きができるようになると、ろう者と通じやすくなるから楽しいと思います。

セナ

見て 知って おぼえよう！

何？ どこ？ を聞く手話

▶ 11

動画はこちらから

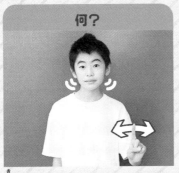

何？

利き手の人さし指と顔を小さく横にふる

だれ？

閉じた手をほおに当てて顔を小さく横にふる

どこ？

「何？」の手話に続けて、指を曲げて開いた手を前に置き、顔を小さく横にふる

ポイント！

WH疑問文（→44ページ）は、顔を小さく横にふるという動きで意味を表していることがわかりますね。手の動きといっしょに声を出すと、決められた顔の動きができません。つまり、日本手話と日本語は、同時に話せないということです。それは、日本語と英語が同時に話せないのと同じで、別の言語だからです。

ユイ

▶ これ、何？、手話、教科書、だれ、妹、あなた、家、どこ、学校、同じ

解説

手話の疑問詞は文の最後

文を書く時には5W1Hを入れるようにしましょう、と学校で習いましたよね。「5つのW」とはWhen、Where、Who、What、Why、1HはHowという疑問詞で、「いつ、どこで、だれが、何を、なぜ、どうした」が入っていると、情報としてはだいたい完結しているということですね。では、「きのう、あなたは学校が休みだったので、友だちと品川に行って映画を見た」という文を考えてみましょう。どんな疑問文が考えられるでしょうか？

> **いつ**あなたは品川で映画を見たのですか？
>
> きのう**どこで**あなたは映画を見たのですか？
>
> きのう品川で**だれが**映画を見たのですか？
>
> きのうあなたは品川で**何を**見たのですか？
>
> きのうあなたは**なぜ**品川で映画を見たのですか？
>
> きのうあなたは品川で**どんなふうに**映画を見たのですか？

日本語の場合、疑問詞が入る位置は比較的自由です。英語のように必ず文頭に来なくてはならないというルールはありません。しかし、手話の場合は、WH疑問詞が来る位置は以下のように基本的に文末です。

> あなた／品川／映画／見る／**いつ？**
>
> きのう／あなた／映画／見る／**どこ？**
>
> きのう／品川／映画／見る／**だれ？**
>
> きのう／品川／あなた／見る／**何？**
>
> きのう／あなた／品川／映画／見る／**なぜ？**
>
> きのう／あなた／品川／映画／**方法（どんなふうに？）**

ユイ

> 動画は
> 126ページを
> 見てね！

疑問詞の位置は日本語、日本手話、英語でそれぞれちがいますね。日本手話と日本語は別の言語で、語順もそれぞれ別のルールがあることをおぼえておいてください。

9 目とほおを使って みよう

大きさや強弱がより正確（せいかく）に伝わる

　日本手話で、「大きい・小さい」は、どうやって表すでしょうか。日本語は、「大きい／ボール」「小さい／ボール」のように２つの単語をつなぎます。手話では、手で表す単語は「ボール」だけで、「大きい・小さい」は目とほおを使います。目とほおは、手と同時に表せるので、日本語より短い時間で伝えることができます。

アヤ

　日本手話は、「目」や「ほお」にも決まった動きがあります。例えば、「大きいボール」と「小さいボール」は、目の開き方やほおのふくらませ方がちがいます。目やほおの動きがあるから、大きさが正確（せいかく）に伝わるのよね。

　手話では大きさを両手の開き方で表すと思っている人がいるようだけれど、目の開き方やほおの動きで表すことができるんだよ。「大きい」は目を開いて、「小さい」は目を細めるんだ。

セナ

アヤ

「うれしい」と「とてもうれしい」も、目の開き方がちがいます。日本語のように「とても／うれしい」と2つの単語をつなぐのではなく、「うれしい」という単語と同時に、右ページのように目の開き方でちがいを表すよ。目の動きがないまま「とても／うれしい」と言われると、あまりうれしそうに見えないんだよね。

「好き」と「大好き」も同じだよ。「好き」の単語と同時に目を細めると、「大（とても）好き」という意味になるんだ。写真と動画で確認してね。

セナ

ポイント！

「まゆ」の動きだけでなく、「目」や「ほお」の動きにも意味があることをおぼえれば、いろいろな話をすることができます。例えば、「大（とても）」という単語を使わなくても、目を細めることで、「とてもうれしい」や「大好き」と伝えることができますね。
　　目やほおの動きは、大きさや強さの程度などの情報を正しく伝えるために重要です。

ユイ

「大・小」や「強・弱」を表す手話

▶12

動画はこちらから

大きいボール

目を大きく開く

ほおをふくらませる

小さいボール

目を細める

ほおはふくらませない

うれしい

顔の動きは小さい

とてもうれしい

目を細める

少し前かがみで肩をよせる

好き

顔の動きは小さい

大好き

目を細める

口をむすんで口角（口の両はし）を上げる

▶ うれしい、好き、大好き、ボール、大きい、小さい

47

解 説

▶13

両手を超える大きさの表し方は？

　球体（ボール）と言っても様々な大きさや重さのものがあります。同じような大きさでも、ピンポン玉とゴルフボールのように重さだけでなく、材質がちがうものもあります。では、ボールがどんどん大きくなって、自分の両手で表せる大きさを超えてしまったらどうすればよいでしょう。月や地球、太陽、惑星などは、それぞれの名詞の手話単語を使いますが、大きさを比較したり、大きくなったり小さくなったりするようすは「目の動き」で表します。小さいものなどを表す時は目が細くなり、肩も内側に入って背が丸くなります。逆に大きいもの、太いものを表す時は肩を開いて、ほおをふくらませます。

　自分の両手で表せる大きさを超えた大きなボールを表す時、つまり、最上級を表したい場合は、いったん目を閉じてタメを作ってから、目を見開き、それに合わせて手を大きく広げるという表現になります。

　基本的に「ふつう、比較級、最上級」のような程度のちがいを表すためには、「動作を速く、大きく」して表しますが、最上級の場合、それ以上に速く大きく動かせないことが多いので、逆に動きをゆっくりにしたり、はじめに止まって目を閉じてタメを作ったりします。

ボール

ふつう

大きいボール

比較級

とても大きいボール

最大級

10 肩も口の形も全部見よう

肩をすぼめると、ていねいな言い方

手話は、顔の動きがとても重要ですが、顔だけでなく、話す人の全体を見る必要があります。例えば、「肩の動き」は、ていねいな言い方だったり、大きさや距離などを表したりする時に使います。ほかにも、「日本手話」の決まった「口の形」というものがあります。これは声ではなく、口の形だけを使います。写真や動画で確認しましょう。

アヤ

47ページで、「大きいボール」と「小さいボール」という手話を紹介したけど、手と顔だけでなく、肩のちがいに気がついたかな？ 大きいボールは肩を開き、小さいボールは肩を前にすぼめていたよね。手話は、上半身全体を使うんです。

ていねいな言い方の時も肩をすぼめるよ。11ページで紹介した「あいさつ」の手話をおぼえているかな。

セナ

アヤ

友だちと目上の人でちがうのよね。

目上の人へのあいさつは、肩をすぼめて前か
がみになっていたよね。もう一度、11ページの
動画を見てみよう。

セナ

アヤ

日本手話には決まった口の形もあります。例えば、
手話で「終わり」を表す時は、口の形が「パ」になる
の。「いらない」の時は「プ」です。ほかにも、「バラ」
や「チューリップ」のように、物の名前などで日本語
の口の動きを使う時もあるけど、声は出しません。

手話は、手も顔も肩も全部を使う言葉だというこ
とがわかってもらえたかな。それをしっかりおぼ
えておくと、56ページからのCL（物の形や動きを
そのまま表す手話）の勉強がもっと楽しくなるよ。

セナ

ポ
イ
ン
ト
！

「細い棒」と「太い棒」は、手で棒の形を表すだけでなく、目
の開き方やほお、そして、肩の動きで太さの程度がわかります。
「細い」「小さい」「少ない」などは、肩をすぼめて少し前かがみ
になります。また、目上の人などにていねいに話す
時は、肩をすぼめるだけでなく、手の動きが少し小
さくなります。

ユイ

見て 知って
おぼえよう！

肩や口の動きを使った手話

▶14

動画はこちらから

細い棒

口を
すぼめる

肩をすぼめる

太い棒

ほおをふく
らませる

ほおをふくらませる

いい？

前かがみにならない

いいですか？（目上の人に）

肩をすぼめる

少し前かがみで肩をすぼめる

終わる

開いた両手を下げながら閉じる。口
の形は「パ」（→126ページ）

いらない

胸の両はしにつけた手を前にはら
う。口の形は「プ」（→126ページ）

▶棒、いい？、いいですか？、いいよ、すみません、ありがとう、終わる、
食べる、いらない

解　説

▶15

肩や口の形も手話の一部

　肩が内側に入っている時には、小さいもの、近いものを表し、逆に肩が開き、目を細めている場合には、遠くにあるものを表します。

小さなおにぎり

目を細めて少し前かがみで肩をすぼめる

遠くの山

目を細めて「遠い」を表す

　前ページで説明したように、肩をすぼめる表現は敬意表現（敬語）として使われます。

こんにちは（ふつう）

自然な姿勢と表情

こんにちは（ていねい）

少し前かがみで肩をすぼめる

ありがとう（ふつう）

自然な姿勢と表情

ありがとう（ていねい）

少し前かがみで肩をすぼめる

　また、手話には手話単語と同時に作る決まった口の形があり、多くはパピプペポの口の形をとります。口の形については126ページを見てみましょう。

寝言も手話？

写真家
齋藤 陽道

はじめまして。ぼくは、齋藤陽道と言います。プロ写真家として活動していますが、マンガも描いています。

ぼくと妻はろう者で、日本手話で会話をしています。子どもが２人いるのですが、彼らは聞こえます。聞こえない両親をもつ、聞こえる子どものことを「コーダ（CODA / Children of Deaf Adults）」と呼びます。

ぼくらはみんな、手話でお話をしています。「手話がある生活」を多くの人に知ってもらいたいと思って、マンガを描いています。

さて、みなさんは寝言を言ったことがありますか？ 寝ている時に、無意識にお話ししたりすることを「寝言」と言います。

寝言は、その人が幼い時に習得した言葉（母語）で話すことが多いです。では、手でお話をする手話を、言葉として身につけていると、寝言はどうなると思いますか？

実は、55ページのマンガのように、寝言も手話で表すのです。ぼくはこれを寝言ならぬ「寝手話」と言っています。

誤解されやすいのですが、手話は、身ぶり手ぶりのジェスチャーとはまったくちがいます。自分の考えていることや、心の中にある感情を伝えるために使われる、独自の文化をもった言語です。手を、表情を、空間を使ってお話しする手話で、思考する。だから寝言も手話で表されるのです。

　ぼくは、ろう者ですが、小さい時は補聴器をつけて、音声で話をしていました。16歳になってはじめて手話を知ります。手話だとなんの苦労もなく、スムーズにお話ができました。ぼくにとって人生が大きく変わるほどの感動でした。それから40歳の今まで、ずっと手話で話しています。

　でも、そんなぼくの寝言はと言えば、小さいころに身につけた言葉が音声の日本語だったために、音声の寝言なのです。

　妻は、家族みんながろう者で、日本手話でお話をして育ちました。だから、寝手話です。

　子どもたちは、幼いころからぼくと妻と手話でお話ししているために、寝手話です。でも、成長するにつれて、音声の寝言も増えてきたようです。

　このように、同じ家族であっても、寝言の形は様々です。身につけた言葉によって、寝言も変わります。このことからも、言葉とはその人の核心に深く関わってくる大事なものなのだということがわかりますね。

　手話を学んでいるあなたも、いつか寝手話で話す時が来るかもしれませんね。

齋藤　陽道（さいとう　はるみち）

1983年、東京都生まれ。2020年から熊本県在住。都立石神井ろう学校卒業。2010年、写真新世紀優秀賞。2014年、日本写真協会新人賞。2019年、『感動、』で木村伊兵衛写真賞最終候補。Eテレ「おかあさんといっしょ」のエンディング曲「きんらきらぽん」の作詞を担当。写真家、文筆家としてだけでなく、活動の幅を広げている。

「寝手話」

マンガ 齋藤 陽道

Ⅲ CLを知ろう

11 物の形を表してみよう

厚みは手の形で、大きさは動きで

　ここでは、日本手話の特徴の１つである「物の形を表す手話」を紹介します。これは、文法用語で「ＣＬ」と呼ばれているもので、物の形や材質、大きさや動きなどを表す手話です。ジェスチャーやパントマイムは人によって動きがちがいますが、ＣＬにはきまりがあります。まずは、基本の「形の表し方」から見ていきましょう。

アヤ

　身ぶりだけで何かを伝える「ジェスチャーゲーム」は、私たちも遊んだことがあります。なかなか伝わらなかったり、だんだんちがった内容になったりして盛り上がるよね。

　ジェスチャーは、人それぞれだからね。でも、手話のＣＬには決まったルールがあるよ。例えば、四角形や三角形、円を表す時は、最初の指の位置や動く方向が決まっています（→59ページの写真）。動き方がちがうと、「何か別のことを言いたいのかな？」と考えちゃうよね。

セナ

アヤ

　箱のような直方体は、手の形で厚みを表して、動かし方で大きさを表します（→右ページ）。これを日本語で伝えようとすると、「高さが何センチくらいで、縦が何センチ、横が何センチくらいの箱」って言うのかな。

　体育で使う三角コーンやクリスマスパーティーでかぶる三角ぼうしの形は、日本語で「三角すい」と言うけど、手話ではＣＬを使うよ。みんなも、いろんな形を表してみてね。

セナ

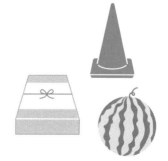

ポイント！

　日本語の「四角」という言葉は、紙に書いた平面にも、箱のような立体にも使いますが、手話は平面と立体で表し方がちがいます。平面は、人さし指を使って体の中心から左右対称に描きます。立体の場合は、両手で形をなぞって表します。形を表す方法は、１つだけではありませんが、基本のルールとしておぼえておくとよいでしょう。

ユイ

物の形を表す手話

▶ 16

動画はこちらから

四角

両手の人さし指で上から下に四角を表す

三角

利き手の人さし指で上から順に三角を表す

円

利き手の人さし指で下から順に円を表す

直方体

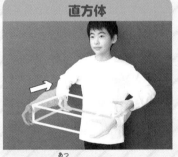

両手の形で厚みを表す

三角すい（三角コーン）

両手を開きながら上から下に移動する

球（ボール）

両手でボールを持ったような形

▶ 四角、三角、円、直方体、三角すい、球

解　説

▶ 17

‖ CLで物の形を表そう ‖

　手話は物の形を表すのが得意な言語です。しかし、どんな形でも絵のように自由に描いてもよいというわけではありません。手話という言語の一部として表される場合にはルールがあります。例えば、二次元のものを表す時には、人さし指で形をなぞるように表します。円の場合は、下から時計回りに1周させます。三角形の場合には、頂点から一筆がきにしますが、二等辺三角形など形に応じて両手でかくこともあります。四角形以上の場合には、左右線対称になるように、両手を同時に使って表します。星形をかく場合には、一筆がきにする方法と、頂点から線対称にかくかき方と両方あります。直角三角形や半円、円柱も動画で動きを確認しましょう。

　手話の動きはジェスチャーのように思われるかもしれませんが、これらはCL（CL表現）と呼ばれる文法の1つです。CLにはルールがあるので、そのルールを知っている人たちの中では同じ情報がまちがいなく伝

直角三角形

わります。手話は世界共通ではありませんが、CLに関しては物の動きや形、大きさなどを手の動きや形で表したものなので、ほかの国や地域の手話を使う人とのコミュニケーションでも伝わることが多いのです。

半円

円柱

12 動きを表してみよう

食べ方に合わせて「食べる」を表現

　日本手話の特徴の1つであるＣＬは、物の形や材質、大きさや動きなどを表します。「食べる」や「走る」「開ける」といった動きを表す言葉も、日本手話ではＣＬを使います。日本語では、どんな物を食べる時も、「食べる」という言葉を使いますが、ＣＬは食べる物によって表現が変わります。いろいろな動きを表すＣＬを見てみましょう。

アヤ

　日本語は、どんな物を食べる時も、「食べる」という同じ言葉を使うのよね。ご飯もパンもバナナも。日本手話は、それぞれに合った「食べる」という言葉を使います。それは動きを表すＣＬを使うからなの。

　ご飯は「はし」で食べるし、パンは「手」で食べる。バナナは皮をむいてそのまま口に入れるし、パスタはフォークでクルクル巻いて食べるよね。そういう動きを表すのがＣＬだよ。ぼくは、パンやバナナをはしでは食べないからね。

セナ

アヤ

　日本語と同じつもりで手話の単語を並べると、びっくりする表現になることがあるよ。例えば、右ページのように「イヌが走る」と言いたい時に、「私が走る」と同じ「走る」の動きを使うと、イヌが2本足で走ることになっちゃう。それはないよね。

　ＣＬは動きをそのまま表すことができるから、イメージも伝わりやすいよね。「窓を開ける」という手話を見れば、どんな窓なのかがすぐにわかる。だから、「窓を開けて」と頼む時には、その窓の開け方をまちがえないようにね。

セナ

ポイント！

　「食べる」のＣＬは、食べ方の数だけあると考えてもいいでしょう。「そばを食べる」の「食べる」という手話がわからない時は、「た・べ・る」という日本語にこだわらず、実際にそれを食べる時の動きを考えます。それだけでも日本語と日本手話が、別の言語だということがわかります。ＣＬが使えるようになると、ろう者との会話が広がります。

ユイ

動きを表す手話

▶18

動画はこちらから

食べる（ご飯）

右手ははし、左手は茶わんをイメージ

食べる（パン）

パンを食べる時の動きを表す

走る（人）

ランニングのような動きを表す

走る（イヌ）

犬が走っている動きを表す

窓（まど）を開ける（引き戸）

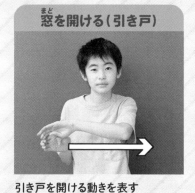

引き戸を開ける動きを表す

窓（まど）を開ける（両開き）

両開きのとびらを開ける動きを表す

▶食べる、走る、（窓）を開ける

▶ 19

解　説

動きを具体的に伝えるCL

　日本手話の動詞の中には、手段や方法が含まれるものがたくさんあります。例えば、手話の動詞の〈食べる〉ははしで食べる形が基本形ですが、「カレーを食べる」「スパゲッティを食べる」を表す場合には〈食べる〉という動詞の中に含まれる道具（スプーンとフォーク）がちがいます。はしを使った〈食べる〉は使いません。

　日本手話では手段が動詞の中に含まれるものがたくさんあります。

　「きのう、大阪に行った」という文を表す場合でも、車で行ったのか、新幹線で行ったのか、飛行機で行ったのかがわかる表現が見られます。日本語ではわざわざ手段を明らかにせず「行った」というような場合にです。さらに、「きのう、大阪に行った」と、今は東京にいて話している場合、「きのう大阪に行って、帰ってきた」と言っているわけで、手話だと車で往復した、と表されることがあります。このようなちがいは、日本語を外国語に訳す時に起きるズレと同じだと思いましょう。

車で行く

「車」の手話を前に出しながら、顔の動きで「行く」を表す

車で往復する

「車」の手話を体の前で往復させる

船で行く

「船」の手話を前に出しながら、顔の動きで「行く」を表す

飛行機で行く

「飛行機」の手話を前に出しながら、顔の動きで「行く」を表す

13 ようすを表してみよう

具体的に細かく一連の状況(じょうきょう)も再現(さいげん)

　日本語で何かのようすを伝えようとする時、たくさんの言葉を使って説明してもうまく伝わらないことがあります。例えば、友だちがけがをした時のようすを先生に伝える時などです。日本手話の特徴(とくちょう)の１つであるＣＬは、映像(えいぞう)を再現(さいげん)するような表し方ができるので、短い時間で正確(せいかく)に伝えることができます。いろいろなようすを紹介(しょうかい)します。

アヤ

　お正月に福袋(ふくぶくろ)を買いに行ったら、たくさんの人が並(なら)んでいたの。お客さんの中には、折りたたみのいすを持ってきていて、すわっている人もいたのよ。準備(じゅんび)がいいなと思った。

セナ

　それは大変だったね。ぼくが見に行ったろう者グループによる「手話パフォーマンス」も、すごい人気だったよ。会場の入り口から外の道路まで人が並(なら)んでいた。パフォーマンスは、ドラマや映画(えいが)のシーンを話題にしたネタが、すごくおもしろかった。また行きたいな。

アヤ

　ＣＬは、今私たちが話したようすをそのまま表すことができるから、映像を見ているようでわかりやすいよね。日本語には、雨の降り方を表現する言葉がたくさんあるでしょ。「ポツポツ」とか「しとしと」とか「ザーザー」とか。ＣＬは、それを具体的に伝えることができるんです。

　雨のザーザーと、風のビュービューを同時に表したり、もっと細かく雨や風の強さも伝えたりできるよね。「台風の中を歩いて、かさがこわれた」というようすを再現するのも得意だよ。

セナ

ポイント！

ユイ

　ＣＬには、２種類の表現があります。63ページで紹介した「食べる」や「走る」のＣＬは、自分がその動作をしているようすを表しました。ここでの「立つ」「すわる」「並ぶ」「雨」は、物事の動きのようすを見たままに表しています。また、「並ぶ」は、手や指で人を表し、「立っている」と「すわっている」は、２本の指（人の足の形）で人を表します。ＣＬは種類がたくさんあって、その表現力はすばらしいものです。

見て 知って
おぼえよう！

ようすを表す手話

▶20

動画はこちらから

立っている

2本の指を足に見立てている

すわっている

足に見立てた利き手の2本の指で腰かけて
いるようすを表す

並ぶ（1列）

にぎった両手を離しながら開く

並ぶ（2列）

両手の2本の指と動きで2列を表す

雨（ポツポツ）

両手の人さし指をリズミカルに上下
する

雨（ザーザー）

開いた両手を勢いよく上下する

▶ 立っている、歩いている、すわっている、並ぶ（1列・2列）、雨雲、雨（ポ
ツポツ・ザーザー）、暴風雨、かさ

解 説

動画はこちらから ▶21

日本語のオノマトペを手話で表すと？

オノマトペってどんなものだか知っていますか。オノマトペとは、擬音語（実際に聞こえる音を人の言葉で表したもの）と擬態語（様々な状態や動きなどを音で表したもの）の両方をさします。「ドンドン」「チクタク」「ワンワン」などは擬音語です。「ふわふわ」「ふわっ」「もふもふ」などはそういう音が出ているわけではなく、ようすを音で表したものです。

日本語はオノマトペが発達していると言われますが、手話にも、オノマトペに似た表現はたくさんあります。

【いろいろなオノマトペ】

（風が）びゅうびゅう

手を動かす速さが風の強さ。顔の動きが大切

（雪が）ちらちら

目線や目の開き方がポイント

（雲が）もくもく

手の動きやほおの動きで表現する

ぺたぺた（歩く）

歩くようすをリズミカルに表現する

14 動きや形からできた名前

特徴や見た目から名づけることも

　国語の授業で、漢字の成り立ちを学んだことがあると思います。漢字の中には、「象形文字」といって物の形や動きから作られているものがあります。例えば、「山」「雨」「火」「木」などです。同じように、手話の名前にも物の形や動きから作られたものがあります。生活の中でよく使う物の名前を、手話ではどのように表すか見てみましょう。

アヤ

　私たちろう者は、物の名前を知らなかったり、忘れたりした時は、形や動きを表すCLで伝えることができます。でも、それだと伝わるまで時間がかかるから、やっぱり手話の名前を知っていたほうがいいよね。

　そうだね。例えば、ぼくの学校では通学時にリュックサックを使っている友だちが多いけれど、リュックサックの手話は肩ベルトの形で表すんだ。

セナ

アヤ

「リュックサック」の特徴を伝えているのよね。

「かばん」は、それぞれの持ち方で表すんだよね。

セナ

アヤ

　新型コロナでみんながマスクをするようになったけれど、マスクは、両手の親指と人さし指を使った四角を口の前で表すの。これが「マスク」の手話の表現です。
　似ているものに「めがね」があるけど、どの場所でどうやって表すかわかるかな？　右ページを見てね。

「マスク」も「めがね」も形だけでなく、「つける」という動きもいっしょに表しているんだ。ほかには、みんなが住んでいる「家」や「マンション」の手話なども、形から作られているんだよ。

セナ

ポイント！

　動きや形、ようすからできた物の名前はたくさんあります。「リュックサック」や「かばん」は、それを使う時の動きからできています。また、「マスク」「めがね」「家」「マンション」は、その物の形を表しています。漢字も手話も、もとの形や動きから変化しているものがたくさんあります。語源を知ることはおもしろいと思いますが、名前の成り立ちにこだわりすぎると手話の習得が進まなくなるので注意しましょう。

ユイ

手話で表す物の名前

▶ 22

動画はこちらから

リュックサック

両肩<small>りょうかた</small>にかけるリュックサックのベルトを表す

かばん

かばんを持っているようす

マスク

親指と人さし指でマスクの形を作る

めがね

両手でめがねをかけているようすを表す

家

両手で三角屋根を表す

マンション

両手を下から上に移動<small>いどう</small>して建物の形を表す

▶ リュックサック、かばん、めがね、マスク、家（戸建て・マンション）

71

解　説

手の形が同じでも名詞と動詞の区別がある

　同じ手の形を使った単語でも、わずかな動きのちがいによって、名詞になったり動詞になったりするものがあります。例えば、「いす」と「すわる」、「飛行機」と「飛ぶ」、「車」と「運転する」のような場合です。手の形は同じでも、動詞は本来の動きを表しているのに対して、名詞は動きが小さく、短くなって、反復することもあります。

　一番のちがいは、動詞には顔や体の動きを表すNMがつきますが、名詞には原則としてNMがつかないということです。「すわる」の場合は、例えば、「疲れてドサッとたおれこむようにすわる」ようすを顔や肩の動きで表すことができますが、「いす」の場合はNMがつけられません。「大きいいす」「小さいいす」はNMが付きますが、それは「いす」ではなく、「大きい」「小さい」をNMで表したものです。

いす（名詞）

顔の動きがつかない

すわる（動詞）

手の形は同じだが、顔や体の動きがつく

飛行機（名詞）

顔の動きがつかない

（飛行機が）飛ぶ（動詞）

手の形は同じだが、手・顔・体の動きがつく

15 いろいろな感情表現

何におどろくかで表現を使い分ける

これまで、いろいろなCLを学んできました。「形を表すもの」「動きを表すもの」「ようすを表すもの」「CLからできた手話や単語」などがありましたね。CLは、まだまだたくさんのことを表すことができます。

ここでは、おどろきを表す4つの手話を紹介します。それぞれ意味や使う場面がちがいますが、どれもまねしたくなるようなおもしろい表現です。

アヤ

「びっくり」という手話を4つ紹介するね。日本語は、突然声をかけられた時も、値段が高い時も、「びっくりした」という同じ言葉を使えるよね。手話は、びっくりする理由によって表し方がちがうんだよ。

例えば、「泳ぎが苦手なアヤが、急に泳げるようになってびっくりした」とか、「食べるのがおそいアヤが、あっという間にお弁当を食べ終わってびっくりした」という時は、「あごがはずれる」という表現を使うよね。

セナ

セナったら！　私は、泳ぎも食べるのも得意だよ。おしゃれに興味がないセナのセーターが、3万円もすると知ってびっくりしたという時は、「目玉が飛び出る」という動きになるよね。

アヤ

そんな高いセーターはいらないよ。この前、家に帰ったら真っ暗で、だれもいないと思ったら、突然ソファからお母さんが起き上がってびっくりした！　その時は、「心臓破裂」と表す。「飛び跳ねる」という単語もあるけど、自分がびっくりした時はあまり使わないな。

セナ

ポイント！

「あごがはずれる」という表現は、人の変化やまさかのできごとなどに使われます。「目玉が飛び出る」は、物の価値、値段や体重など数字に関する時に使うことが多く、「心臓破裂」は、おばけやヒヤッとした時などに表現します。「飛び跳ねる」という表現は、実際に自分がびっくりした時にはあまり使いませんが、「びっくりする」という手話単語です。

ユイ

見て 知って
おぼえよう！

おどろきを表す手話

▶24

動画はこちらから

びっくりした①

あごがはずれる

びっくりした②

飛び跳ねる

びっくりした③

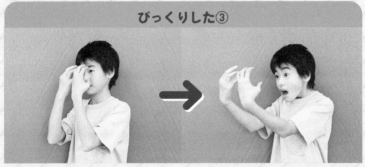

目玉が飛び出る

びっくりした④

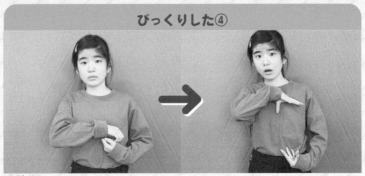

心臓破裂

▶ びっくり、先生、ありがとう

75

解　説

▶ 25

喜怒哀楽（きどあいらく）を表す手話

　よろこんだり、おこったり、悲しんだり、人にはいろいろな感情（かんじょう）があります。「おこる」だけでも原因（げんいん）や場面によって気持ちは少しずつちがいますね。日本手話には「びっくり」以外にも、その時の感情（かんじょう）や気持ちを上手（じょうず）に伝える表現（ひょうげん）がたくさんあります。

気持ちいい

閉（と）じた片手（かたて）で胸（むね）を上下になでる

怒（おこ）る

指先を曲げた両手を上にはらう

ムカつく

口は「ピ」。閉（と）じた片手（かたて）を胸（むね）から前にはらう

ショック

両手の甲（こう）を合わせて胸（むね）の片側（かたがわ）を突（つ）く

ほっとする

曲げた人さし指と中指を鼻の前から前下に下ろす

いいね！

にぎった手を鼻の前で2回前に押（お）し出す

うれしい、とてもうれしい ➡ 47ページ

2人以上

動物CLクイズ

▶ 26

物の形や動き、ようすを表すCLを使って、動物の手話単語や大きさ、形、歩くようすなどのクイズを作ってみましょう。

動画はこちらから

準備物	動物のイラストカード
手　順	①いくつかの動物のイラストカードをみんなに見せて、それぞれの動物の手話単語を表現する。 ②それぞれの動物の歩き方を表現してみる。 ③様々な動物の歩き方のCLクイズを出し合う。
例	ぞうの歩き方／にわとりの歩き方

活動のポイント 遊びながら手話単語とCLのちがいを知りましょう。

動物の名前（手話単語）を表現するだけでは、動物の特徴（大きい動物や小さい動物などのイメージ）を理解したことにはなりません。動物CLクイズを通して、動物の特徴をきちんと理解することができます。

さらに

「動物の体のもようクイズ」
「動物の体のつくりクイズ」
「昆虫の体のつくりクイズ」
などにもチャレンジしよう。

Ⅳ 手話を
使って会話を
してみよう

16 数を使った会話

まずは何年生か答えてみよう

これまでに学んだ手話の単語や知識を使って、いよいよ手話の会話にチャレンジします。聞こえない・聞こえにくい友だちとはじめて会ったら、どんな会話をするか、想像しながら練習していきましょう。ここでは、「数」の表し方について見ていきます。新しい手話の単語や使い方もおぼえながら、手話での会話に挑戦しましょう。

アヤ

みんなが私とはじめて会う時、どうやってあいさつをするかおぼえていますか。11ページで紹介したように、まず目を合わせてから、片手を上げるのよね。次に、どんなことを聞きたい？

セナ

もし、みんなに会ったら、「何年生？」と聞くと思うな。手話は片手だけで0から1兆未満までの数を表すことができるんだ。また、「小学〇年」や「中学〇年」「高校〇年」と言う時だけは、81ページの写真のように手を横向きにするんだよ。まずは、そこからやってみよう。

アヤ

　数を聞く時は、利き手を親指から小指まで順番ににぎりながら、顔を小さく横にふるの。これが「いくつ？」という意味の手話になります。友だちと「何年生ですか？」「5年生です」などと手話で会話してみてね。

　「家族は何人ですか？」と聞かれて、「4人です」と答える時は、数字の「4」の手を漢字の「人」の形に動かすんだ。「2人」「3人」も、同じように数字を表した手を漢字の「人」の形に動かすよ。動画（→右ページ）を見ながらやってみよう。

セナ

「家族は何人ですか？」と聞かれて
「4人です」と答える手話

ユイ

　手話で「小1」という時は、右ページのように「小」の手話の後に、利き手で「1」を横向きに表します。この時、利き手でないほうの指は残したままにします。小2〜小6も「小」の後に各数字を横向きに表します。これは漢字と連動して「小一〜小六」のように漢数字の指文字を使うからです。〇月〇日という時も同様です。ふつうに1、2、3、4と数える時などは指を立てます。

見て 知って
おぼえよう！

数を表す手話

▶27

動画はこちらから

いくつ？

まゆを上げて疑問を
表す（→ 39 ページ）

開いた手をにぎりながら首を横にふる

小 1

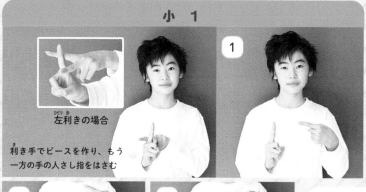

左利きの場合

利き手でピースを作り、もう
一方の手の人さし指をはさむ

中1や中2と表現す
る時は、「小一」と同
じように非利き手をそ
のまま残して、利き
手で数字を出します。

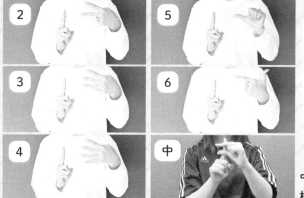

中1は漢字の「中」と
横向きの「1」で表す

▶数（1～20）、いくつ？、何年生？、同じ、家族、何人、～人（にん）

解 説

▶28

「令和5年7月8日」を表してみよう

非利き手で数字の指文字「7」を表す

閉じた手を前に出しながら開く

利き手の親指と人さし指は開きながら下げる

年月日を表す数字は手を横にする

「8」は小指が上手に曲がらなくてもだいじょうぶ

利き手の人さし指でにぎった手をさわる

年月日を表す時は、1〜10までの数字の指文字は横にします。11以降の数字は、通常どおり縦で表します。

数字の指文字は124ページを見ましょう。

17 色について話そう

赤はくちびる、白は歯…色と関連

「色」をテーマにした会話をしてみましょう。みなさんは、それぞれ好きな色があると思います。また、学校によってはスクールカラーがあるかもしれません。卒業式や入学式では、会場のかべに紅白（こうはく）の幕（まく）を張（は）るなどしますね。私（わたし）たちの生活の中は、色であふれています。色を表す日本手話の単語をおぼえながら、会話にチャレンジしてみましょう。

アヤ

みんなはどんな色が好きですか？ 私（わたし）は水色やうすい緑色が好きです。それにレインボーカラー（虹色（にじいろ））も好き。虹（にじ）は、赤・オレンジ・黄・緑・青・藍（あい）・むらさきの７色が、並（なら）んでいるように見えるね。でも、虹（にじ）の色の数は、国や地域（ちいき）によってちがうそうよ。セナは？

一番好きなのは青だな。自分は青が似合（にあ）うと思うから、洋服を選ぶ時も青が多くなる。ほかには白も好き。ぼくたちの学園のスクールカラーは、アヤが好きなうすい緑色だね。

セナ

そうね。私たちの学園では、小学部の体操着は上が白、下がこん色だけど、中学部には、かっこいい体操着があるんです。こん色に水色のラインと、胸には学園のマークが入っているの。

アヤ

中学生になると勉強が難しくなるよね。テストには「赤点」というのがあるんだけど、この点数以下だと、「もっと勉強しなさい！」と注意されるんだ。「もっと遊びなさい！」という青点なんかもあればいいのに。

セナ

「色」という手話は、両手の指先をつけて、絵の具のキャップを開けるような動きをします。「赤」は、人さし指でくちびるをなぞるように動かします。「白」は、人さし指を少し曲げて、赤とは反対の方向に前歯をなぞるように動かします。「好き」（→47ページ）「色」（→85ページ）「何?」（→21ページ）という手話を使って、「何色が好き?」と聞いたり、答えたりしてみましょう。

ユイ

見て 知って
おぼえよう!

色を表す手話

▶29

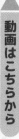
動画はこちらから

絵具のふたを開けるようなイメージ

人さし指でくちびるをなでる

人さし指で歯をなぞる

閉じた5本指でほおをなでる

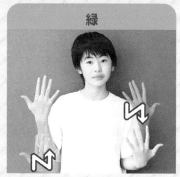

草が生えているようす

親指をおでこにつけ、人さし指を
2回動かす

▶好き、色、何?、青色、水色、そうなんだ、ズボン、黒色、こん色、黄色、
赤色

85

解 説

▶ 30

‖ 手話の方言 ‖

　方言というと、ふつう「地域方言（○○弁）」と言われる、同じ言語の中で土地ごとに異なる言葉をさします。例えば、東京方言と関西方言はちがいますね。東京方言のことを共通語だと思うかもしれませんが、東京方言の中にも「山の手言葉」「下町言葉」と言われるようなちがいがあります。関西方言といっても大阪方言と京都方言ではちがい、また、大阪方言の中にもいろいろな種類があるでしょう。

　地域方言だけでなく、社会階層や特定の職業などによってちがう言葉が使われている場合には、「社会方言」と呼ばれます。ここでは、「茶色」という手話をモデルにして「地域方言」の1つを紹介します。

茶色（東京）

にぎった手であごをなでる

茶色（鹿児島）

人さし指と中指を曲げて鼻の前で動かす

茶色（長崎）

人さし指と中指でほおを2回なでる

茶色（静岡）

両手の人さし指と中指を2回こする

18 勉強について話そう

「日本語」の説明よりわかりやすい授業も

明晴学園では、日本手話ですべての授業を行っています。算数（数学）や理科や社会だけでなく、小中学校の国語と同じような日本語という授業も手話で行います。これまでに勉強したCL（物の形や動き、ようすを表すもの）を使うと、算数（数学）や理科の勉強は、日本語の説明よりわかりやすいこともあります。勉強に関する手話をおぼえながら、会話をしていきます。

アヤ

　私が好きな勉強は日本語です。いろいろな言葉をおぼえるのは楽しいよ。明晴学園では、国語の内容を「手話」と「日本語」という授業で勉強するの。私たちにとって日本語は、手話の次に学ぶ言語なのよ。

　ぼくは算数（数学）が好き。算数（数学）は答えが１つだよね。がんばって計算して、答えがわかった時は、すごくうれしいよ。日本語は、「私立と市立」や「化学と科学」みたいに、読み方が同じでも、使う漢字や意味がちがうこともあるから難しいな。

セナ

アヤ

　私は、物語やできごとについて、みんなでいろいろな考え方を話し合うのが楽しいの。だから、社会の授業も好きです。歴史の勉強で、昔の人たちのことを知るのもおもしろいよ。源義経ってすごい人なの。好きだなぁ。

　えっ！　源義経が好きなの？　今は令和の時代なのに。ぼくは、理科の授業も好きだな。先生の説明もわかりやすいし、観察したり、実験したりすると、いろいろな発見があるからね。天気のいい日は、体育も楽しいね。

セナ

ポイント！

　会話をする時は、「ねえ、ねえ」とか、「あのさぁ」などと呼びかけますね。ろう者も同じです。話を始める時は、相手を呼ぶような手の動きで、「これから話をするよ」という意思表示を必ずします。動画でも、2人の会話は、「ねえ、ねえ」から始まっています。

ユイ

いろいろな教科を表す手話

▶31

動画はこちらから

国語

にぎった両手の親指を立てて上から
下に動かす

算数（数学）

3本の指を立てた両手を2回動かす

理科

両手を開き、指先を少し曲げて胸の
中央から左右に動かす

社会

親指と小指を立てた両手を外から内
にまわす

体育

にぎった両手で胸を2回うつ

英語

人さし指と中指であごをなでる

▶ ねえねえ、好き、勉強、何？、算数（数学）、国語（日本語）、理科、社会、体育、
英語

89

解　説

手話を学ぶ・手話で学ぶ

　明晴学園には、日本で唯一、「手話科」という授業があります。これは、算数や社会のように手話を教科として学ぶもので、ほかのろう学校にはありません。国語の「聞く・話す・読む・書く」という4つの領域のうち、「聞く・話す」を手話科の授業で、「読む・書く」は日本語という授業で勉強します。

　手話科の授業は簡単ではありません。すべての授業が日本手話で行われるので、自分の手話の力が足りないと算数や社会や理科といったほかの授業についていけなくなるからです。

　教科書は一般の小中学校と同じですから、もちろん日本語の読み書きも大切です。英語も日本手話で授業をして英語の読み書きを学習します。リスニングとスピーキングはありません。でも、聴者の学校と同じように中学3年時の目標は英検3級、さらに上の級を取って卒業する生徒もいます。

日本手話で教える算数の授業

中学部の手話科の定期考査はとなりの人の手話が見えないように区切られています。選挙の投票所みたいですね。

19 スポーツについて話そう

ろう者が競い合う大会もあるよ

ここでは、スポーツに関する会話をしてみましょう。自己紹介や友だちを作る時など、好きなスポーツを話題にすることも多いと思います。手話で、「好きなスポーツは何？」という聞き方は、もうわかりますね。自分が好きなスポーツの手話をおぼえておくと、話が盛り上がっていいですよ。

アヤ

オリンピックの期間は毎日いろんな競技の中継がされるよね。私は冬のオリンピックの中で、フィギュアスケートを見るのを楽しみにしているの。

みんなは「デフリンピック」という、ろう者のオリンピックを知っているかな。世界中からろう者が集まって、様々な種目を競い合うんだ。ぼくの学校の卒業生も水泳やスキーなどで、デフリンピックを目指しているんだよ。

セナ

アヤ

そうね、先輩たちを応援したいよね。私は、2歳の時からスイミングに通っているの。得意な泳ぎは、バタフライです。中学生になっても続けようと思っているの。セナはどんなスポーツが好き？

幼稚部に入った時から空手を習っていたよ。白帯から始まって、緑色の帯、茶色の帯になって、小6の時の昇段審査で黒帯をとって空手は卒業したんだ。空手は好きだけど、ほかにもいろんなスポーツをやりたいからね。

セナ

ポイント！

ユイ

ここでの会話の中に、みなさんの好きなスポーツの話はありましたか。手話でスポーツの名前を表したいけど、その手話がわからないという時は、そのスポーツのようすを表す動きをしてみましょう。それを見たろう者が、「ああ、〇〇ですね」と、手話を教えてくれるでしょう。単語にこだわらず、物の形や動きやようすを表すＣＬを使うと、会話の幅が広がります。

スポーツを表す手話

▶ 32

動画はこちらから

スポーツ 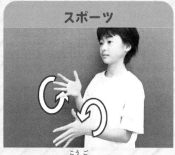 開いた両手を交互にまわす	**スキー**  人さし指をスキー板のように上に曲げる
スノーボード  両手を斜め下に2回すべらせる	**水　泳**  2本の指を足に見立てバタ足をする
空　手 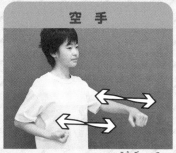 空手の練習のように左右交互に突き出す	**バレーボール**  バレーボールのトスをイメージ。ろう者は社会人バレーが盛ん

▶好き、何?、スポーツ、バドミントン、そうなんだ、バスケットボール、スキー、スノーボード、水泳、空手、フィギュアスケート、バレーボール

解　説

野球のサインはろう者から生まれた！

　みなさんは、野球のストライク、ボール、アウト、セーフなどのサインが聞こえない野球選手の希望で使われるようになったということを知っていますか？ アメリカのろう者の大リーグ選手によるものなんです。

　1862年にオハイオ州の農場で生まれ、幼少期に髄膜炎にかかって聴力を失ったウィリアム・ホイは、苦難を乗り越えて大リーグの選手になります。盗塁王や、通算2044安打を記録するほどのスター選手になりました。審判が右手を挙げれば「ストライク」や「アウト」、両腕を広げれば「セーフ」といった、現在では当たり前のジェスチャーは、彼の行動がきっかけだったと言います。

　1880年ごろ、審判は声のみで判定を告げていました。ウィリアムはある打席で、3球ともボールだと思って次の投球を待っていました。審判は3球ともストライクと判定し、三振をコールしましたが、彼には聞こえていなかったのです。彼は、打席を離れず、投手や観客に大笑いされてしまいます。そこで、ウィリアムは「ストライクは右手を挙げる」というように絵と説明文を書き、審判に要望。これに審判が賛同し、広まったということです。遠くから見てもわかりやすいジェスチャーはウィリアム本人だけでなく、審判の声が届かなかった観客にも喜ばれました。一説には、ベンチから作戦を伝えるサインも、彼が考えて仲間に伝えたのが始まりだと言われています。

　耳が聞こえないスポーツ選手のための大会「デフリンピック」は1924年にフランスのパリで開催されたのが最初です。オリンピック同様、4年に一度、夏季大会と冬季大会が開催されます。

※参考文献：『耳の聞こえないメジャーリーガー　ウィリアム・ホイ』（光村教育図書）

20 遊びについて話そう

新しいゲームは手話も新しく誕生

　みなさんは、いつもどんな遊びをしていますか。友だちと遊ぶ時など、相手がどんな遊びが好きなのか聞きたいですね。一番多いのはゲームでしょうか。ゲームにもいろいろな種類があります。新しいゲームの名前は、手話も新しく生まれて広まっていきます。場所によって、ちがう表現が生まれることもありますが、時間とともに統一されていきます。

アヤ

　私が家で遊ぶ時は、ゲームが多いな。好きなゲームは、人狼系ゲームや対戦アクション系ゲームかな。お母さんと約束した時間を守ることが大事だけどね。セナはどんなゲームが好き？

セナ

　ゲームよりユーチューブを見るほうが多いな。好きなのは、同級生数人が組んだ思い出系ユーチューバー動画です。この人たちは、いろいろな「楽しい」ことを動画にして配信しているんだ。ユーチューブは字幕もあるし、おもしろいよ。

アヤ

　ユーチューブだったら、ゲーム実況がわかりやすいものが好き。それは、字幕もオリジナルだから読みやすいよ。家で遊ぶだけでなく、友だちと外で遊ぶこともあるよね。おにごっことかケイドロ（ドロケイ）とか。セナは外でどんな遊びをする？

　外で遊びたいけど、実は、寒いのがきらいなんだ。だから、冬はあまり外に出たくないなぁ。学校でも、寒い日は校庭で遊ばずに、あたたかい教室でユーチューブを見られたらいいのに。

セナ

ポイント！

　ＣＬは物の形や動き、ようすを表すことが得意です。ゲームや動画の内容を再現したり、友だちに説明したりする時は、ＣＬを使うと伝わりやすくなります。「スポーツの会話」と同じように、ゲームや動画の内容を表せば、ろう者から「それは、〇〇ですね」と、手話の答えが返ってくるでしょう。

ユイ

見て 知って おぼえよう！

遊びに関する手話

▶ 33

動画はこちらから

ユーチューブ

軽くにぎった利き手の親指と小指を
立てて円をかく

ゲーム

ゲームのコントローラーを動かす
イメージ

ケイドロ（ドロケイ）

警察：額の前で親指と人さし指
で半円を作る

どろぼう：利き手の人さし指を曲げる

クイズ
？ **何の遊びの手話でしょう？**（※正解は98ページの下のらん）

ヒント：人さし指は「つの」をイメージ　ヒント：人さし指は人を表している

▶ 好き、遊び、何？、ゲーム、そうなんだ、ユーチューブ、友だち

97

解 説

▶34

手話にも「はやり言葉」がある

　毎年、年末になると流行語大賞というのが話題になりますが、これは世代によっても変わると思います。例えば、小学生では「それな」（小学館JS研究所アンケート 23年5月号）や中高生では「好（好き）」とか「てぇてぇ（尊い）」などがあるようです。

　みなさんのまわりにも学校やクラスの仲間にしかわからない「はやり言葉」があると思います。明晴学園にも、その時々に手話の「はやり言葉」が生まれます。ろう者のお父さんやお母さんが子どもの時にろう学校ではやった言葉が復活することもあれば、今の小中学生から生まれる言葉もあります。ほとんどのはやり言葉（手話）は自然と使われなくなってしまいますが、中には、ほかのろう学校に広がったり、世代を超えて使われたりする言葉もあるようです。

おちつく

手のひらを上に向けた両手を胸の下で2回上下する

おちつけ

はやり言葉：利き手の手のひらを上に向け、ゆるく曲げて2回上下する

がんばる

にぎった両手のひじを張って2回上下に動かす

がんばろう

はやり言葉：利き手をにぎって前方上にあげる

ゲームで
おぼえよう！

大小CL あてっこ ゲーム

2人以上

▶ 35

物の形や動き、ようすを表すCLで、テーマに合った物の大きさを表してみましょう。大小のちがいは手だけでなく顔や頭、肩（かた）の動きが大切です。

動画はこちらから

準備物	【テーマに合ったイラスト】 ・テーマが「かさ」の場合は、大きいかさ、小さいかさのイラスト
手 順	①イラストを見せる。 ②大きいかさのCL、小さいかさのCL ③いろいろな動物に合わせて「かさ」を適切（てきせつ）な大きさで、CL表現（ひょうげん）する。
例	・大きいかさはどんな動物が入るかな？（例：ぞう） ・小さいかさはどんな動物が入るかな？（例：ねずみ）

活動の ポイント

とても大きい物を表す時はCLに合わせてNM表現（ひょうげん）を使ってみましょう。

大きさの度合などを表すCLは副詞（ふくし）の役割（やく・わり）をもつNM（顔や体の動き）によって意味が異（こと）なります。2つの手話単語「大きい」と「かさ」を並（なら）べるのではなく、1つの語で表すことができるのが日本手話の特徴（とくちょう）です。

さらに

「重い・軽い」や「広い・狭（せま）い」などもCLで表現（ひょうげん）してみましょう。

99

V 生活で使う いろいろな 手話

災害の時の手話

とっさの時は指さしとCLで

　みなさんは、学校で避難訓練を行っていると思います。ここでは、災害などの場面で使われる手話を紹介します。最近は、毎年のように大雨や竜巻、地震といった自然災害が起きるようになりました。こうした時は、どんな人でも助け合うことが大切ですね。例えば、避難所で聞こえない・聞こえにくい友だちと出会った時、どのように話しかければよいか考えてみましょう。

アヤ

　私たちの学園では、毎月1回避難訓練があります。火災訓練と地震訓練では行動が少しちがうけど、危険を知らせる「フラッシュライト」が赤く点滅したら、防災頭巾をかぶって校庭に出て、点呼をするの。3分以内にすべて終わらせます。

セナ

　学園は海が近いから、1年に1回は津波の訓練があるよ。地震の訓練で校庭に集まった後、いつもは入れない屋上に行くんだ。その後、災害のために保管している非常食をみんなで食べるから、それがちょっと楽しみだな。

アヤ

屋上は景色もいいよね。日本手話は、「ＰＴ（指さし）」も文法の１つで、いろいろな意味とルールをもっています（→くわしくは104ページ）。正しい使い方を知らなくても、「ここ」とか「あっち」のように、身ぶりとして使うことはできるよね。

セナ

そうだね。「危ない、いっしょににげよう」と言いたいけど、手話の単語を知らない時は、ＰＴ（指さし）とＣＬ（動きやようすを表す手話）で、「いっしょに、行こう」と言いかえることもできるよ。アヤ、非常食をいっしょに食べよう！

ポイント！

「地震」「火事」「津波」の手話は、手の動きの大きさや速さで災害の強弱を表します。地震の場合、小さなゆれの時は手の動きは小さく、大きなゆれの時は大きく、激しいゆれだと速くなります。ＣＬで学んだことを思い出しましょう。また、日本では人を指さすことはマナーが悪いとされていますが、日本手話の指さしは失礼ではなく、大切な文法の１つです。

ユイ

見て 知って
おぼえよう！

災害の時に使う手話

▶36

動画はこちらから

地震

手のひらを上に向けて前後に
動かす

火事

手話単語「赤」　両手を交互に上げる

津波

両手を大きな波のように動かす

危険

軽くにぎった両手で胸を2回
たたく

にげる

にぎった両手を斜め上に動かす

フラッシュライト。赤の
点滅で危険を知らせる。

▶ 地震、火事、津波、危ない、いっしょ、にげる、フラッシュライト、
だいじょうぶ

103

解　説

▶ 37

日本手話の指さしは奥が深い

　災害時の避難所などで、ろう者は情報が入らず困ることがあります。ろう者だとわかったら、身ぶりでも筆談でもいいので話しかけてください。もし「トイレはどこ?」などと聞かれたらどうしますか? 手話ができなくても、指さしだけで伝えられることもあります。

　「PT（指さし）」は日本手話の文法の1つです。実際に物を指さすだけでなく、人称代名詞（私、あなた、彼らなど）、指示代名詞（これ、それ、あれ）などの役割をもっています。指さしは、聴者が使うジェスチャーの指さしに似ていますが、ろう児の指さしの発達を調べた研究によると、ろう児は指さしをジェスチャーとしてとらえていないことがわかっています。

　「PT」には、私を表す一人称のPT1、あなたを表す二人称のPT2、彼・彼女・彼らなどと、これ、あれなどを表す三人称のPT3があります。

　この指さしと、指の移動だけを使って、「いっしょに行きましょう」という文を作ることができます。

私

自分を指さす（PT1）

あなた

相手を指さす（PT2）

いっしょ

前に向けた両手の人さし指を左右からよせる

→

行く

「いっしょ」の手をそのまま行く方向に動かす

22 社会の中のろう者

聞こえに関係なく活躍の場は広い

　町の中でろう者に会ったことはありますか？　ろう者は、外見からわからないので、みなさんは気づかないかもしれません。ろう者も聞こえる人と同じように社会の様々な場所で働いています。残念なことに「聞こえないからできない」と考える人が、まだたくさんいます。ろう者や手話のことを正しく知って、差別や偏見のない社会をめざしましょう。

アヤ

　セナは、将来どんな仕事がしたい？　私は、夢がたくさんあるの。１つは、幼稚園の先生です。小学部の先生もいいけど、まずは学園の幼稚部で職場体験がしたいな。ほかには、小説家もいいなと思っている。

　バスケットボールの選手かな。シュートが決まると、気持ちがいいからね。ほかには、映画俳優もいいなと思っている。アメリカの「エターナルズ」という映画には、ろう者のヒーローが登場しているんだよ！

セナ

アヤ

　私たちの学園の卒業生にも、「日本ろう者劇団」に入っている人がいるけど、私は「手話狂言」のワークショップに通っているの。将来、俳優さんもいいなぁ。卒業生たちは、ＩＴの会社とか物作りとか、いろいろなところで働いています。

　ぼくたちの今の校長先生はろう者で、数学の先生でもあるよ。ほかにも、弁護士や建築士として活躍しているろう者もいるし、会社や飲食店を経営している人もいるよ。おいしくて、人気のお店らしい。いつか行ってみたいな。

セナ

出版社での職業体験

　日本語では職業に「員」や「士」「師」などの言葉がつきます。その一部は、手話にもあります。会社員は「会社」と「員」の手話単語を続けて表し、弁護士は「弁護」と「士」の手話単語を使います。保育士も「保育」の後に弁護士と同じ「士」をつけてください（→右ページ）。でも、「教師」や「美容師」などの「師」は手話では何もつけません。こうしたちがいは、日本語と日本手話が別の言語だからです。

ユイ

仕事に関する手話

▶38

動画はこちらから

人さし指と中指を立てた両手を頭の
横で2回ふる

「員」や「メンバー」という手話単語

指先を前にして開いた両手を交互に
上下し、「士」の手話を続ける

指文字の「し」を利き手と反対側の肩
につける

親指を立てた両手を胸の上から前
に押し出し、「士」の手話を続ける

下に向けた人さし指を前に向けて
2回ふる

▶会社員、保育士、弁護士、教師(先生)、お願いします、校長先生、数学、
ねえねえ、来る

解 説

いろいろな仕事をしているろう者

小野広祐（手話ニュースキャスター）
ＮＨＫ手話ニュースのキャスターです。講演なども行います。

日本語の語呂合わせや川柳などは、日本語が母語でない人たちに、そのおもしろさを伝える方法を考えるのが大変です。でも、高齢のろう者から「わかりやすい手話で非常に助かる」という言葉をいただいた時はうれしかったです。

田門 浩（弁護士）
依頼人の大半は聴者。専属の手話通訳者とともに電話による相談も受けています。

専門知識を使って本人がかかえる課題を解決し、本人の権利を守ることができることにやりがいを感じています。大変なのは、法律や裁判所の判断は日々変わっていくので、つねに知識のアップデートに努める必要があるということです。

宮坂 七海（プロアスリート）
パリ五輪をめざしているクレー射撃の選手です（2023年9月現在）。

ろう者と接することに慣れていない聴者だけの環境で、ゼロから良好な人間関係を築くのに苦労しました。プロアスリートは結果（数字）がすべて。追い込まれるのも、切り拓くのも、信じるのも自分自身です。五輪で金メダルを獲得し、日本人ろう者の歴史を変えたいです。

23 オンラインで伝わる手話

スマホやパソコン交流に便利

　新型コロナウイルス感染症の対策として、全国の学校にオンライン授業が広がりました。ろう者は、生活の中でもスマホなどのビデオ通話をよく使います。スマホやパソコンだと、手の速い動きが見えないことがありますが、顔の動き（NM）があるので問題なく通じます。日本手話の「顔の動き」は、手の動きと同じくらい重要です。

アヤ

　私の学園には、見学者や講師が、たくさん来ます。日本人だけでなく、外国のろう者もよく来るけど、新型コロナの流行で感染症対策のためオンラインになったの。私たちにとってオンラインは特別なことじゃないけどね。

セナ

　ずいぶん前から、外国のろう者とオンラインで話したり、一般の学校の聞こえる子たちと交流したりしてるよね。新型コロナによる休校中は、オンラインで先生に宿題の相談もした。手話でふつうに会話ができるから便利だよね。

アヤ

　私たちろう者は、話したことが相手にちゃんと伝わっているか、会話の中でよく確認をします。聞こえる人は、なんとなく話を進めることがあると聞いて、おどろきました。はっきり言わないほうがいいという文化かな。

セナ

　今、アヤが「いい」って言ったけど、日本語の「いい」には、いくつもの意味と使い方があるよね。日本手話は、「走っていい」「走るのがいい」「走らなくていい」の「いい」は、別の表現をするよ（→右ページ）。日本語も手話も、学ぶのって大変だね。

ポイント！

　「わかった？」と聞く時は、「疑問の顔」（→39ページ）を同時に表します。「疑問の顔」は、「まゆ上げ」と「あご引き」ですね。「いい？」と聞く時も、「疑問の顔」が必要です。また、日本語の「いい」は、「かまわない」や「良い」「不要」などのちがう意味でも使いますが、日本手話ではそれぞれ別の表現をするので気をつけましょう。

ユイ

見て 知って
おぼえよう！

オンラインで使う手話

▶39

動画はこちらから

わかる

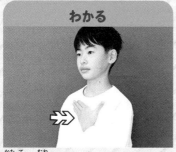

片手で胸を2回たたく

わからない

利き手で腕のつけ根あたりを2回上向きにはらう

いい（かまわない）

小指を2回あごにあてる

いい（良い）

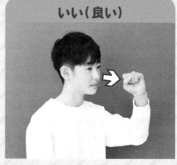

にぎった手を鼻から前に動かす

オンライン

おたがいにカメラで撮影するようす

いい（不要）

4指を閉じた両手を両わきのつけ根から前へはらう

▶ わかる、わからない、いい、いいよ、いいね、オンライン、終わる、じゃあね、ありがとう

解説

▶ 40

ろう者は世界中のろう者とつながれる

　ろう者は実際に旅行しなくてもオンラインで世界とつながることができますね。外国の人とコミュニケーションをとることに抵抗のない人が多いです。それは、日本国内にいても、基本的に自分の言葉（日本手話）が通じることが少なく、言いたいことを伝えるために、いろいろなコミュニケーション方法を身につけていることが多いからです。

　例えば、ろう者の得意分野である身ぶり（ジェスチャー）で、たいがいのことが通じます。筆談は、おたがいに何か共通の言語を知っている必要がありますが、最近はスマホのアプリで相手の音声を文字化してくれるものも、また、その言葉を日本語に翻訳してくれるソフトもありますね。ろう者は日常生活の中で、そのような機能を使っている人も多く、慣れているようです。

　ろう者の「語り」は、まるで映画を見ているようだと言われます。そうした手話ネイティブのろう者同士であれば、国がちがい手話がちがっても、おたがいの手話を見て、相手が言いたいことをつかむことはそう難しくはありません。ここで紹介する映画は、17歳のろうの少年が、単身でフランスの同世代のろう者に会いに行く様子を追った短編のドキュメンタリー映画です。日本手話とフランス手話という異なる言語をすり合わせながら、瞬く間に言葉のかべを越えていくろう者の知られざる世界を見ることができます。

「海を渡る手話の少年〜17歳の夏〜」(25分)あいち国際女性映画祭2017短編部門グランプリ＆観客賞をW受賞
（上記の二次元コードから映像を見ることができます）

24 ありがとうを伝えるには

手話もいいけれど、筆談も使ってみて

　手話にこだわらず、ろう者とたくさん会話をする方法を紹介します。その中で、まちがいが少ないのは筆談です。筆談は、紙に文字や絵を書くだけでなく、地面や手のひら、スマホなどを使うことができます。大切なことは、話したいという気持ちと、話しかける少しの勇気ですね。

アヤ

　私はみんなに日本手話を知ってもらえると、うれしいです。テレビや動画、本などでぜひ手話の学習を続けてね。

　手話も日本語もおぼえるのは簡単じゃないよね。町でろう者に出会ったら、はずかしがらずに相手を見て、片手を上げてあいさつしてほしいな。

セナ

アヤ

　そうね。おぼえた単語だけで会話ができない時は、筆談がいいと思います。筆談は文字だけでなく絵でもOKです。外で遊んでいる時は、地面に指で文字や絵をかけばいいし、最近はスマホを使う人が増えたみたいね。

　何もない時は、手のひらに指で文字を書くまねをしてもいいよ。でも、せっかくおぼえた手話を忘れないでね。どんな方法でも、話したいという気持ちがあればだいじょうぶだよ。いつか、みんなと会いたいな。

セナ

ポイント！

　自分の思いを手話で伝えてみましょう。その時は、まず相手の顔を見てしっかり目を合わせます。目を合わせることは、ろう者とコミュニケーションする時にもっとも大切なことですね。これまでに学んだことを生かして、いつか交流ができるといいですね。

ユイ

気持ちを伝える手話

▶41

動画はこちらから

ありがとう

閉じた利き手をもう一方の手の甲から上に上げる

ごめんなさい

平手の利き手を顔の前に出し、両肩をよせて少し前かがみになる

だいじょうぶ

閉じた利き手の指先を反対側のわきにあて、利き手側のわきに移動する

いつか会えるといいですね

いつか

会う

良い

▶ ありがとう、ごめんなさい、だいじょうぶ、いつか、会う、良い、筆談(紙・スマホ・地面・手のひら・空書)、いつか会いましょう

解　説

日本手話と日本語は別の言語

　最近は、スマホやタブレットで手話の動画を見ることが簡単になりましたが、いろんな情報があって、手話を知らない人からはどれも同じに見えるのが難点です。中には、手話の文法を無視して紹介していたり、歌のふりつけの一部になっていたり、音声で日本語を話しながら手や指を動かしている動画もたくさんあります。日本手話の正しい情報は、まだまだ広がっていないのです。

　「ありがとう」という手話がなかなかおぼえられない時、それは、頭の中で日本語の「ありがとう」の音を同時に発しているからです。日本文化で「ありがとうございます」と言う時は、頭を正面から前にたおします。目線も同時に下を向きます。

　一方、手話の「ありがとうございます」は、顔を下に向けることはなく、少し前に出してもどします。目線も正面を向いたままです。ですから、日本語のリズムで手話をすると、顔を下げながら手を下ろしたくなってしまい、手話の「ありがとう」の動きと合わなくてぎくしゃくしてしまうのです。「ありがとう」という単語だけでも言語と文化のちがいが存在するのですね。手話のリズムで「ありがとう」をおぼえましょう。

「ありがとう」の手話

手話通訳者になるには

明晴学園国際部長
岡 典栄

最近では、災害関係のニュースや記者会見などで手話通訳者を見ることが多くなりましたね。新型コロナの感染最盛期には、都道府県知事の会見には必ず手話通訳がついていました。しかし、日本のテレビはアメリカやイギリス、韓国などと比べても手話通訳者が映っていることが少ないのが現状です。

手話通訳というのは手話がわからない**聞こえる人（聴者）と日本語が聞こえない人（ろう者・難聴者）の間に入って、コミュニケーションを成立させる仕事**です。日英通訳とか、ロシア語・中国語間の通訳同様、どちらか一方の言語の使用者のためにあるわけではないのです。

以前は、通訳という仕事は黒子のように存在を消して、機械のようにある言語で言われた内容を足しも引きもせずにほかの言語で伝えることだと思われていました。そうであれば、いずれ機械に取って代わられそうですね。しかし、現実の通訳場面では、両言語がわかるのは通訳者だけなので、**通訳場面でたくさんの調整をしている**ことがわかってきました。通訳者は、例えば音声や手話として表現される「言葉」に加えて、話者の感情やトーンも再現しているし、終わりの時間が迫ってくれば「空気を読んで」簡潔な訳語にしたりしているのです。

手話通訳に関して言えば、聞こえる通訳者が手話に訳すだけでなく、ろう通訳といって、聴者が一度手話に訳したものを見て、それをろう者にわかりやすい手話に通訳する仕事があります。音声をまず手話にしてろう通訳者にリレーする人は**フィーダー**と呼ばれます。フィーダーもろう通訳者もきちんと研修を受けて、それぞれの仕事ができるようになることが必要です。ろう通訳が活躍する場面は、オリンピックの開会式・閉会式のような祝祭典

がありますが、フィーダーという通訳者がもう1人入っていると、気づかないようなスピードで同時通訳が行われています。ほかに、ろう通訳者が活躍する場面としては、手話の読み取りが非常に難しい場面が考えられます。例えば、手術後に麻酔が切れるか切れないかのような状態の時に、ろうの患者さんが何か言っているような場合、聴者の通訳者が読み取ることはほとんど不可能です。それをろうの通訳者は読み取って通訳することができます。

では、そのような高い専門技術をもつ通訳者にはどうしたらなれるのでしょうか。まずは、**高い手話の力**（読み取りおよび表出）が必要です。そして、訳出する際に必要である、**母語の力**も必要です。次に高い**通訳技術**が必要です。通訳の技術というのは、語学力のほかに専門的に勉強する必要があります。

手話を通訳レベルで学習できるところはあまり多くないのですが、国立障害者リハビリテーションセンター学院（埼玉県所沢市）の手話通訳学科がその1つです。以前は福祉系の専門学校でも手話通訳の課程をもっているところがあったのですが、今はほとんどなくなってしまいました。

2023年度から、群馬大学手話サポーター養成プロジェクト室でオンラインの手話通訳者養成講座が始まりました。手話自体を大学で学べる場としては関西学院大学人間福祉学部に2年間の講座があります。ほかにもオンラインで手話を学べるコースなどが多数ありますが、玉石混交なので、注意が必要です。講師が手話教師の資格をもつろう者であるところを選ぶとよいでしょう。

そこが知りたい 手話 Q&A

Q1

耳が聞こえないと、お父さんやお母さんの声も聞こえないし、後ろから車が来てもわからないだろうし、お店で買いものする時も不便だろうし、とてもかわいそうだと思います。聞こえる私たちは、手話を学ぶこと以外に、どうやってお手伝いすればいいのでしょうか。

A1

私は、生まれた時から聞こえないので、聞こえないことがふつうです。お父さんやお母さんとは手話でたくさん話ができるし、ろう者は「目の人」なので視覚情報で周囲の状況がわかります。お店では筆談で買い物をします。逆に、聴者の中には、工事や電車や音楽などの騒音で困っている人がいるそうで、大変だなと思います。私たちろう者が困るのは、聴者がろう者のことを知らない、理解していないことです。例えば、大きな声でゆっくり話せばわかるとか、読唇術（ろう教育では「読話」といいます）ができるとか、太鼓は楽しめる、などと言われることです。私たちは、日本語の音声ではなく日本手話で話をします。英語しか話せない外国の人に似ています。手話ができない聴者とはスマホを使った文字でコミュニケーションできますよ。明晴学園の小１から中３までに「聞こえないことはかわいそう？」というインタビューをしました。みんななんと答えるか？ 左の二次元コードから動画をごらんください。

動画はこちらから

▶ 42

Q2

ろう者は友だちを呼ぶ時に名前で呼ぶのですか？ それは、指文字でしょうか。長い名前だと指文字で呼ぶのは大変なのではありませんか。

A2

ろう者は、サインネームと呼ばれる手話の名前をもっている人が多くいます。サインネームは、名前を1語で表したニックネームのようなもので、身体的な特徴（ほくろ、そばかす、髪型、ヒゲ）や性格を表したものや、名前の漢字から取ったりします。日本手話の普及に貢献した米内山明宏氏のサインネームは、肩に米俵を担いでいるようすを表したものでした。また、その人が大変好きなもの、マンガや汽車などがそのままサインネームになることもあります。

サインネームは、ろうの世界の共通の文化で、学会や難しい会議などでも、自己紹介の時には、サインネームも伝えることが一般的です。アメリカ人のサインネームは名前の頭文字を使ったものがよくあります。例えば、Mark であれば、M の指文字を使った動きをもつサインネームを使うなどです。サインネームは自分が決めるのではなく、まわりの人につけてもらうのが一般的ですので、聴者でサインネームをもっている人は、ろう者の世界に受け入れられたと思ってよいでしょう。ろう者と出会ったら、「サインネームは何？」と聞いて、その由来を教えてもらうのも楽しいですよ。

Q3

学校で、聞こえない人にもわかるようにと作られた「手話歌」を習いました。はじめは手話がおぼえられず大変でしたが、できるようになったらとても楽しいです。聞こえない人も、手話歌でいろいろな歌を楽しむのですか？

A3

ろう者にとって「手話歌」は、心から楽しめるものではありません。なぜなら、日本語と日本手話は別の言語で、文章ではない歌詞をそのまま手や指で表しても意味がわからないし、音楽で表現している気持ちや感情が伝わらないからです。でも、聞こえる人たちがろう者のためにがんばっているのだから、それに合わせないと申し訳ないのでがまんしているろう者もたくさんいます。

では、ろう者は音楽や歌を楽しめないのでしょうか？ そんなことはありません。ろう者も音楽的要素を楽しむことはあります。「手話ポエム」や「手話リズム※」がそれにあたり、「手話ポエム」には手話の文学とも言えるすばらしい作品がたくさんあります。そこには「日本手話のリズム」や心地よさが刻まれています（動画は下の二次元コードから）。高学年になると、日本語の歌詞を読んで想像できる情景を楽しんだりもします。それは、詩や小説を楽しむことに近いかもしれません。聴者の歌に手話単語をつけるのではなく、「ろう者の音楽を知る」という発想に変えてみませんか。

動画はこちらから

▶ 43

※手話リズム：音声や音楽は使わず、手話が自然にもっているリズムに合わせて作られた、ろう児が楽しめる歌のようなもの。

Q4

日本手話の文法の中に「空間」というもの があると聞きました。「空間を利用する」というのは、どういうことでしょうか。

A4

「空間」が文法にあるのは、３Ｄ言語である手話らしさとも言えますね。代表的なものをいくつか紹介します。世界中の手話でごくわずかな例外を除いて、「時」は背後から自分の顔が向いている方向（前方）へと流れているようです。つまり、体があるところを現在として、過去に起きたことは体の背面方向に、これから起きることは前方にあるという認識になります。ただ、その一方通行だけでなく、「時」はいろいろな方向を軸にして表されます。日本手話の場合、体の前面にそって、右利きの人であれば、右から左へと流れるものがあります。それは、例えば「今まで」や「今日まで」のように終点がある表現の時です。また、人の成長にともなうものは、下から上に向かって移動しています。幼なじみというような場合は、低い位置から上に向かって両手を上げていきます。

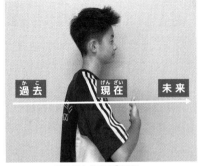

時の流れを表す「空間」

123

指文字と数字の手話

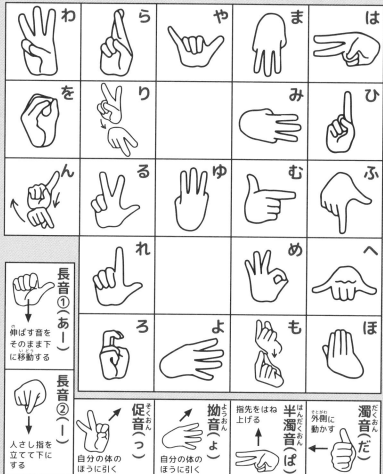

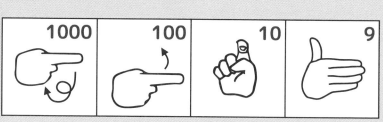

※数字については81ページのQR動画も見ましょう。

※指文字は日本語の50音を手で表したもので、手話とは別のものです。

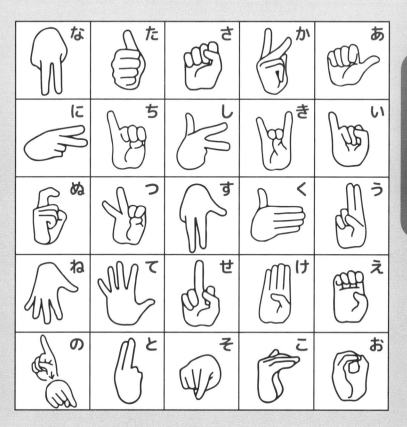

すべて相手から見た時の形です。

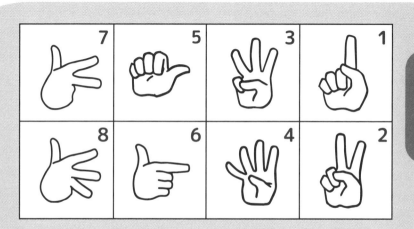

数字

出典『文法が基礎からわかる　日本手話のしくみ』

口の形　パピプペポ

44

日本手話の口の形は、顔や頭、肩などの動きがとても大切な言語だとわかりましたね。手の動きが同じでも、顔や頭の動きがちがうと意味が変わってしまいます。だから、日本語（音声）と日本手話はいっしょに表せないのです。さらに、日本手話独自の口の形もあります。主にパ行（パ・ピ・プ・ペ・ポ）が多く、下の例を見てみましょう。

ユイ

しまった（パ）

口の形を「パ」と開く

少ない（ピ）

口を「ピ」の形にする（立てた親指をあごの下にあてる）

不要（プ）

口を「プ」の形にする

じゃない？（ペ）

口を「ペ」の形にする

なんで？（ポ）

口を「ポ」の形にする

44ページの動画
はこちらから

45

さくいん

著／**小野 広祐**　おの こうすけ
杉並ろう学校 (幼小中)、大田ろう学校高等部を経て和光大学人間関係学部人間関係学科卒業。
1999年デフ・フリースクール龍の子学園創設時から活動。2008年に東京都の構造改革特区の制度
を利用した学校法人明晴学園の設立に携わる。現在、明晴学園教頭（中学部／早期支援担当）。NPO
法人バイリンガル・バイカルチュラルろう教育センター理事、ＮＨＫ手話ニュースキャスター。

著／**岡 典栄**　おか のりえ
東京大学文学部言語学科、国立障害者リハビリテーションセンター学院手話通訳学科卒業、英国ケ
ンブリッジ大学言語学修士 (M.Phil.)、一橋大学大学院言語社会研究科博士 (Ph.D.)。現在、明晴
学園国際部長、手話通訳士。著書に『文法が基礎からわかる―日本手話のしくみ』『日本手話のしく
み練習帳』(以上共著、大修館書店)『手話通訳者になろう』(共著、白水社)

編／**特定非営利活動法人バイリンガル・バイカルチュラルろう教育センター**（BBED)
ろう児に対する日本手話と書記日本語のバイリンガルろう教育を推奨。日本手話での子育てや教育
相談、教材開発、情報提供などの活動を行っている。

日本手話へのパスポート
日本語を飛び出して日本手話の世界に行こう

2023年11月21日　初版第1刷発行
2024年 1月17日　初版第2刷発行

著　　者 ………… 小野 広祐 （明晴学園 中学部教頭）、岡 典栄 （明晴学園 国際部長）
　編　　 ………… 特定非営利活動法人バイリンガル・バイカルチュラルろう教育センター

手話モデル ……… 2023年度 明晴学園中学部2年生　彩夏、聖奈、結菜
デザイン…………… 荻野 琴美 （オーデザインチャンネルズ）
イラスト…………… 京谷 嶺花、ふせ ゆみ、荻野 琴美
校　　正…………… 麦秋アートセンター
写真・動画編集…… 株式会社タマブロ　ふせ ゆみ
編集協力…………… 浅原 孝子
編　　集…………… 小林 尚代

発 行 人…………… 北川 吉隆
発 行 所…………… 株式会社小学館
　　　　　　　　　　〒101-8001東京都千代田区一ツ橋2-3-1
電　　話…………… 編集03-3230-5549
　　　　　　　　　　販売03-5281-3555
印　　刷…………… TOPPAN 株式会社
製　　本…………… TOPPAN 株式会社

※本書は2021年9月から2022年3月まで計24回にわたり「朝日小学生新聞」に連載された内容を大幅
　に加筆し、編集したものです。